Bullying e cyberbullying:
aplicação do Círculo de Diálogo Respeitoso
para a cultura de paz

Aloma Ribeiro Felizardo

Bullying e cyberbullying:
aplicação do Círculo de Diálogo Respeitoso para a cultura de paz

Rua Clara Vendramin, 58 . Mossunguê
CEP 81200-170 . Curitiba . PR . Brasil
Fone: (41) 2106-4170
www.intersaberes.com
editora@intersaberes.com

Conselho editorial
Dr. Alexandre Coutinho Pagliarini
Dr². Elena Godoy
Dr. Neri dos Santos
M². Maria Lúcia Prado Sabatella

Editora-chefe
Lindsay Azambuja

Gerente editorial
Ariadne Nunes Wenger

Assistente editorial
Daniela Viroli Pereira Pinto

Preparação de originais
Arte e Texto Edição e Revisão
de Textos

Edição de texto
Camila Rosa
Palavra do Editor

Capa
Sílvio Gabriel Spannenberg (*design*) | MSK Design/Shutterstock (imagem)

Projeto gráfico
Bia Wolanski (*design*) | Maridav e STILLFX/Shutterstock (imagens)

Diagramação
Kelly Adriane Hübbe

Iconografia
Regina Claudia Cruz Prestes
Sandra Lopis da Silveira

Dados Internacionais de Catalogação na Publicação (CIP)
(Câmara Brasileira do Livro, SP, Brasil)

Felizardo, Aloma Ribeiro
  Bullying e cyberbullying : aplicação do Círculo de Diálogo Respeitoso para a cultura de paz / Aloma Ribeiro Felizardo. -- Curitiba, PR : InterSaberes, 2024.

  ISBN 978-85-227-1433-9

  1. Bullying 2. Bullying nas escolas 3. Comportamento agressivo 4. Conflito interpessoal 5. Cyberbullying 6. Violência nas escolas I. Título.

24-204534   CDD-370.15

Índices para catálogo sistemático:
1. Bullying e cyberbullying : Prevenção : Educação   370.15

Cibele Maria Dias – Bibliotecária – CRB-8/9427

Foi feito o depósito legal.

1ª edição, 2024.

Informamos que é de inteira responsabilidade da autora a emissão de conceitos.

Nenhuma parte desta publicação poderá ser reproduzida por qualquer meio ou forma sem a prévia autorização da Editora InterSaberes.

A violação dos direitos autorais é crime estabelecido na Lei n. 9.610/1998 e punido pelo art. 184 do Código Penal.

Sumário

Apresentação ix
Introdução xiii

capítulo 1 **O que é bullying** 19
    1.1 Categorias dos atores e dos ajudantes do agressor 23
    1.2 Não há motivação evidente para a vítima ser escolhida 24
    1.3 Vítima não tem característica para ser escolhida 27

capítulo 2 **O que é cyberbullying** 29

capítulo 3 **Bullying escolar e suas especificidades** 35
    3.1 Mecanismos de grupo 36
    3.2 Comportamento agressivo dos alunos 44
    3.3 Bullying é violência física e violência psicológica 46
    3.4 Consequências na vítima: Transtorno de Estresse Pós-Traumático 49
    3.5 Como identificar o bullying na sala de aula 51

capítulo 4 **Considerações para a implantação do Círculo de Diálogo Respeitoso** 53
    4.1 Círculo de Diálogo Respeitoso: a ferramenta pedagógica 59
    4.2 Objeto da Palavra: girafa – recurso pedagógico 61
    4.3 Escuta ativa 62
    4.4 Empatia 62
    4.5 *Rapport* 64

capítulo 5 **Os 12 elementos do Círculo de Diálogo Respeitoso** 67
    5.1 Círculo de Diálogo Respeitoso na prática 70
    5.2 Resultados das práticas com o Círculo de Diálogo Respeitoso 73
    5.3 Sugestões de Círculo de Diálogo Respeitoso e ações 75
    5.4 Sugestões de livros e filmes para séries iniciais 78
    5.5 Modelo de relatório do Círculo de Diálogo Respeitoso 79

capítulo 6 **As emoções: raiva, medo, tristeza e felicidade** 81
    6.1 Raiva 84
    6.2 Medo 85
    6.3 Tristeza 86
    6.4 Felicidade 87

Considerações finais 89
Reflexões 91
Referências 93
Sobre a autora 99

Agradecimentos

A Deus, pelo seu incondicional amor e pela vida eterna.
Ao promotor de justiça Dr. Willian Oguido Ogama, da cidade de Nobres, Mato Grosso, pela confiança no meu trabalho como pedagoga e doutora em Psicologia Social.
Aos professores da cidade de Feliz Natal, Mato Grosso, que acreditaram em minha proposta e praticam com êxito a ferramenta de minha criação, o Círculo de Diálogo Respeitoso.

Apresentação

Desde nosso primeiro livro sobre cyberbullying (são sete até o momento), editado no ano de 2010, resultado do Trabalho de Conclusão de Curso (TCC) em Pedagogia, não deixamos de pesquisar sobre o assunto.

Nesse caminho, pesquisas científicas permitiram a criação do Círculo de Diálogo Respeitoso (CDR), uma ferramenta pedagógica eficaz para auxiliar os professores na minimização da agressividade entre os alunos e destes com os professores em sala de aula.

Ampliando e aprofundando os conceitos científicos do bullying e do cyberbullying no sentido de evidenciar as ações dos alunos envolvidos na dinâmica do grupo social, trazemos agora uma obra profundamente investigativa sob a perspectiva da psicologia social. A fim de facilitar a apreensão dos conteúdos enfocados, a obra foi dividida em seis capítulos.

No Capítulo 1, apresentaremos o conceito de bullying, bem como uma análise das características dessa agressividade entre alunos. Abordaremos três novos temas ainda não encontrados em estudos da comunidade científica, uma vez que parecem de interpretação óbvia. Porém, ao longo do tempo, as pesquisas nos permitiram acompanhar o desenvolvimento científico do tema bullying no Brasil e trazer, em primeira mão, para os professores e toda a sociedade as seguintes perspectivas:

1. Há um quarto elemento no bullying, que são os ajudantes do agressor.
2. Não há motivação evidente na escolha da vítima.
3. Não há uma característica física específica na escolha da vítima.

Nesses três pontos, a obviedade está no fato de que, sendo o bullying uma violência grupal, o agressor pratica a intimidação com ajudantes – ele nunca está só. Também não há motivação evidente para a escolha da vítima, ou seja, ela não é escolhida pela sua aparência externa, seja física, seja intelectual, seja social.

Para saber mais sobre essa intimidação sistemática, sugerimos a leitura da obra *Bullying escolar: prevenção, intervenção e resolução com princípios da justiça restaurativa* (Felizardo, 2017), uma grande obra que mostra os primeiros estudos sobre bullying no Brasil e também a realização dos círculos de justiça restaurativa na prática, a qual contribuiu, em parte, para a fundamentação da criação da ferramenta pedagógica do Círculo de Diálogo Respeitoso.

No Capítulo 2, discorreremos sobre o conceito de cyberbullying e suas características. Sabemos que, com a popularização da internet, o bullying encontrou um amplo espaço de desenvolvimento por meio da rede social nos aparelhos de celulares, culminando no cyberbullying nas escolas. É possível conhecer mais sobre essa prática, mais cruel que o bullying presencial, na obra *Cyberbullying e o Círculo de Diálogo Respeitoso: a incrível ferramenta em que os alunos realizam a prevenção* (Felizardo, 2021), que também apresenta opiniões e histórias da prática dos professores e gestores da educação da rede pública municipal da cidade de Feliz Natal, Mato Grosso.

No Capítulo 3, veremos que o bullying é um fenômeno grupal, uma vez que ocorre somente em grupos de estudantes. Além disso, verificaremos como as pesquisas científicas explicam a dinâmica dos grupos. Também apontaremos o comportamento agressivo da criança ou adolescente no grupo desde o vínculo familiar. Mostraremos as principais violências psicológicas, representadas na figura de um *iceberg*. Veremos, nesse ponto, que a intimidação sistemática é mais prevalente em violência psicológica do que em violência física. Evidenciaremos, ainda, a gravidade das intimidações, que, pouco a pouco, causam tortura nos alunos intimidados. Abordaremos as consequências dessas intimidações na vítima, que pode desenvolver o Transtorno de Estresse Pós-Traumático (TEPT). No final do capítulo, descreveremos como o professor pode identificar o bullying tanto em sala de aula quanto no ambiente escolar em geral.

No Capítulo 4, faremos algumas considerações aos gestores com relação à implantação do Círculo de Diálogo Respeitoso (CDR) na sala de aula. Também apresentaremos esclarecimentos aos professores sobre procedimentos a serem observados quando estiverem praticando o CDR com seus alunos. Enfocaremos, igualmente, alguns teóricos a fim de fundamentar a importância da implantação do CDR para o bem-estar emocional e a convivência social entre os estudantes.

No Capítulo 5, explicaremos passo a passo os 12 elementos para a práxis do CDR em sala de aula, bem como apresentaremos um modelo do Relatório do CDR para os professores compilarem suas práticas a cada vez que aplicarem essa ferramenta com seus alunos, além dos devidos encaminhamentos para a coordenação.

No Capítulo 6, por fim, elencaremos as emoções – raiva, medo, tristeza e felicidade – representadas pela árvore da vida emocional, do autor Jéferson Cappellari, especialista, escritor e palestrante do curso Inteligência Emocional e Social e facilitador em Comunicação Não Violenta (CNV), a fim de nortear a percepção das emoções, dos sentimentos e das necessidades das crianças para o saber do professor.

Cabe observar que, nesta obra, optamos pelo uso do gênero masculino e da sigla CDR para fazer referência à ferramenta pedagógica Círculo de Diálogo Respeitoso, com o intuito de facilitar a leitura.

Introdução

No ano de 2008, o Instituto de Educação e Ação Social Novidade de Vida (INDV), por meio da psicopedagoga Elenice da Silva (1966-2020), saudosa amiga e parceira no combate ao bullying escolar, fez-me um convite para participar da semana da educação "Educar para Transformar". Entre os vários temas apresentados, interessei-me pelo bullying. Eu queria entender por que os adolescentes eram privados de sua liberdade de ir e vir, de conviver com suas famílias, no cumprimento de medida socioeducativa por terem sido agressivos e cometido ilícito com seus colegas da escola.

A licenciatura em Pedagogia na Faculdade Interlagos/Estácio possibilitou-me, no ano de 2010, apresentar meu Trabalho de Conclusão de Curso (TCC) sobre bullying e cyberbullying com a satisfatória nota 10+. Nesse trabalho, apropriei-me de conhecimentos por meio de uma pesquisa exaustiva para tentar compreender a violência dos estudantes com seus pares. No entanto, havia poucos livros publicados e poucas pesquisas acadêmico-científicas sobre bullying, embora houvesse várias notícias na mídia sobre o tema.

Resultante desse TCC, divulguei, pioneiramente, o primeiro livro em português, no Brasil, sobre o tema: *Cyberbullying: difamação na velocidade da luz* (Felizardo, 2010). No ano seguinte, lancei o livro *Bullying: o fenômeno cresce! Violência ou brincadeira?* (Felizardo, 2011), ocasião do "auge midiático" do bullying nas escolas brasileiras, determinado pela tragédia em uma escola de Realengo, no Rio de Janeiro, em que onze alunos ficaram feridos, doze alunos faleceram e houve o suicídio do ex-aluno praticante dos crimes.

Como registrei em Felizardo (2011, p. 139), "não podemos considerar a tragédia de Realengo como bullying", pois houve outros antecedentes psicológicos diagnosticados. Lamentavelmente, essa foi a primeira tragédia nas escolas brasileiras, por meio da qual a sociedade se conscientizou da gravidade do bullying escolar e de outros fatores desencadeantes no problema da saúde mental dos estudantes.

Ainda em busca de respostas para a violência dos autores de bullying nas escolas, especificamente os adolescentes maiores de 12 anos de idade no cumprimento de medida socioeducativa, cursei durante um ano o mestrado Adolescente em Conflito com a Lei, na Universidade Bandeirante de São Paulo (Uniban-SP), onde aprendi mais um pouco sobre a proteção integral à criança e ao adolescente e organizei, em coautoria com mais nove colegas, meu terceiro livro, *Ética e direitos humanos: uma perspectiva profissional* (Felizardo, 2012).

Aprofundei-me mais nos estudos sobre os apelidos, as gozações, as "brincadeiras", a humilhação, a perseguição e os sofrimentos entre os escolares, buscando a razão do mau comportamento dos autores de bullying, da falta de respeito e da violência, estendidos até aos professores.

Fui estudar Mediação Transformativa de Conflitos na Escola Superior do Ministério Público do Estado de São Paulo (ESMP-SP), prevendo que, como mediadora de conflitos, poderia contribuir significativamente no esclarecimento de professores, alunos e famílias sobre o assunto em questão. Também cursei o mestrado em Sistemas de Resolução de Conflitos na Universidad Nacional de Lomas de Zamora (UNLZ), na Argentina, e fiz mais três formações como Facilitadora em Justiça Restaurativa – duas na Ajuris – Escola Superior da Magistratura, em Porto Alegre, e uma no Instituto Latino Americano de Prácticas Restaurativas (ILAPR), em Lima, Peru.

Participei e palestrei em vários seminários, simpósios e congressos e fiz o curso de Negociação em Harvard, Massachusetts, Estados Unidos, de tal forma que adquiri conhecimento para intervir em conflitos, mediar e negociar com as partes envolvidas nas diversas modalidades e necessidades da vida humana.

Durante sete anos, ao longo das formações mencionadas, pesquisas acadêmico-científicas e várias palestras presenciais ministradas no Brasil e na Argentina contribuíram para a construção da obra *Bullying escolar: prevenção, intervenção e resolução com os princípios da justiça restaurativa* (Felizardo, 2017).

Nessa obra, expus conceitos de vários autores e as características do bullying, além de apresentar reflexões e práticas baseadas na filosofia da justiça restaurativa usando as abordagens dos Círculos de Construção da Paz e da Comunicação Não Violenta (CNV), concluindo que "não é tão difícil minimizar e solucionar problemas comportamentais que ocorrem em sala de aula e na escola por meio dos círculos, pois a prática de contar e ouvir histórias nos aproxima de uma realidade mais humana" (Felizardo, 2017, p. 250).

A primeira vez que um problema foi resolvido e reconhecido com o uso do círculo foi registrada em de uma sentença judicial do juiz Barry Stuart, no Canadá, que o nominou de *Círculos de Construção de Paz* (Zehr, 2012). Esse fato me inspirou a buscar uma ferramenta pedagógica de fácil aplicação, que estivesse ao alcance dos professores para que pudessem fazer intervenções rápidas e positivas.

Continuei os estudos para entender o porquê de um estudante ser agressivo com seu colega em sala de aula. Agreguei o doutorado em Psicologia Social na Universidad Kennedy (UK), na Argentina, buscando saber quem é esse aluno de comportamento violento e como ele age no meio de seu grupo de socialização escolar, a fim de colaborar para o o uso da justiça restaurativa e da CNV em futuras políticas públicas.

Lancei, assim, outro livro – *Bullying: a violência que nasce na escola* (Felizardo, 2019) – "na busca por respostas aos questionamentos sobre os verdadeiros motivos da violência crescente entre crianças e adolescentes – inclusive a depressão, a automutilação, os suicídios e os homicídios" (Felizardo, 2019, p. 21), consequências de maltratos de colegas da sala de aula.

Contribuí com uma sexta obra, denominada *Cyberbullying e o Círculo de Diálogo Respeitoso: a incrível ferramenta em que os alunos realizam a prevenção* (Felizardo, 2021), na qual discorri sobre os principais aspectos do cyberbullying e a capacitação de 167 educadores e gestores da Secretaria de Educação Municipal da cidade de Feliz Natal, Mato Grosso, com a ferramenta pedagógica Círculo de Diálogo Respeitoso (CDR), por meio do Projeto Integra MP, executado pela Promotoria de Justiça na pessoa do promotor de justiça Dr. William Oguido Ogama, o qual, no prefácio da obra, registrou os seguintes dizeres: "com conteúdo teórico e prático apoiado nos resultados de sua aplicação [...] o Círculo de Diálogo Respeitoso é um instrumento poderoso e eficiente, a ponto de evitar a ocorrência do bullying e cyberbullying" (Felizardo, 2021, p. XVI).

Por meio dessa capacitação e desse apoio técnico pedagógico, "Professores revelaram, em seus depoimentos, que é possível, sim, combater o bullying, o cyberbullying e seus desdobramentos – como indisciplina, conflitos e outras violências" (Felizardo, 2021, p. 146). Sim, é possível prevenir e resolver o bullying na escola!

Corroboramos aqui a declaração da doutora em Psicologia Moral Luciene Regina Paulino Tognetta (2012, p. 109-110): "Enquanto problema moral, vencer o bullying é tarefa da escola e não de Conselhos Tutelares, polícia ou disque-denúncia, que menos promovem a formação moral dos que estão envolvidos e os tratam como criminosos". Assim, é função da escola a formação de crianças e adolescentes em um ambiente de convivência social positiva, facilitado pela práxis do CDR.

Dar um título a um livro é uma das tarefas mais difíceis de realizar e ocorre somente quando há completa assimilação daquilo que se quer dizer e de como o público-alvo vai compreender a essência da ideia transcrita no papel. Nesse sentido, lembrei-me de meu professor Dr. Julio Decaro – autor da obra *Nuevos líderes para um nuevo mundo* (2012) –, do curso de Negociação em Harvard, que, ao tratar da complexidade em nominar, mencionou que uma das primeiras "tarefas encomendadas" por Deus a Adão foi dar nomes aos animais existentes na terra. Sua missão era realmente o processo de classificar, aprender a criar fronteiras mentais, linhas divisórias simbólicas; dali até os dias de hoje, grande tempo de nossa vida é utilizado para estudar, dividir, separar, analisar, classificar e nominar seres e coisas.

Dessa forma, apesar do título longo, *Bullying e cyberbullying: aplicação do Círculo de Diálogo Respeitoso para a cultura de paz* é uma ferramenta pedagógica exitosa, já testada e aprovada. Muito objetiva, seu passo a passo facilita a aplicação em salas de aula no dia a dia.

No ano de 2023, alguns professores que foram capacitados em outubro de 2019 deram continuidade ao uso do CDR. Contemplo com meus cumprimentos esses professores empáticos e esforçados no intuito de ajudar nossas crianças e famílias contra a violência nas escolas.

Desde a primeira pesquisa científica da Associação Brasileira Multiprofissional de Proteção à Infância e à Adolescência (Abrapia), em 2002 (Monteiro, 2008), o conhecimento sobre o fenômeno bullying cresceu no Brasil. Hoje, sabedores de que o bullying é uma violência escolar com características distintas, fica claro que ele não deve ser confundido com casos pontuais ou "Problemas de comportamento considerados pelos professores como violência, indisciplina e falta de respeito [...] apontados, indistintamente, como um dos maiores obstáculos à prática pedagógica" pela pós-doutoranda em Educação Juliana Aparecida Matias Zechi (2014, p. 7).

Por sua vez, a doutora em Educação Loriane Trombini Frick (2016, p. 9) relata que poucas são as "administrações educativas brasileiras – secretarias de educação – que têm projetos e que se baseiam na literatura científica para dar sugestões de ações para as escolas". Entretanto, a criação e a aplicação do CDR foram recomendadas pelo promotor de justiça Dr. Willian Oguido Ogama (citado por Felizardo, 2021, p. XVI), o qual menciona que, "com seu conteúdo testado e aprovado, a práxis deve ser disseminada e solidificada".

Já a doutora em Psicologia Ana Carina Stelko-Pereira (2012, p. 187), em sua pesquisa de doutorado, alerta sobre "importar programas estrangeiros tidos como efetivos para o contexto brasileiro", os quais devem sofrer modificações para acomodar as diferenças culturais do local e as particularidades do centro educativo em que o programa está sendo implementado, respeitando as características e culturas regionais do Brasil.

Assim, como pesquisadora e autora de cinco livros sobre bullying escolar e um sobre ética e direitos humanos desde o ano de 2007, criei a ferramenta pedagógica Círculo de Diálogo Respeitoso (CDR), fundamentada cientificamente e com conteúdo testado e aprovado na prática por professores de escolas públicas, municipais, estaduais, rurais e de educação especial. Essa ferramenta possibilita ao professor minimizar comportamentos agressivos usando técnicas de habilidades sociais, o que facilita a comunicação e a interação com seus alunos no dia a dia em sala de aula.

Boas práticas, professores!

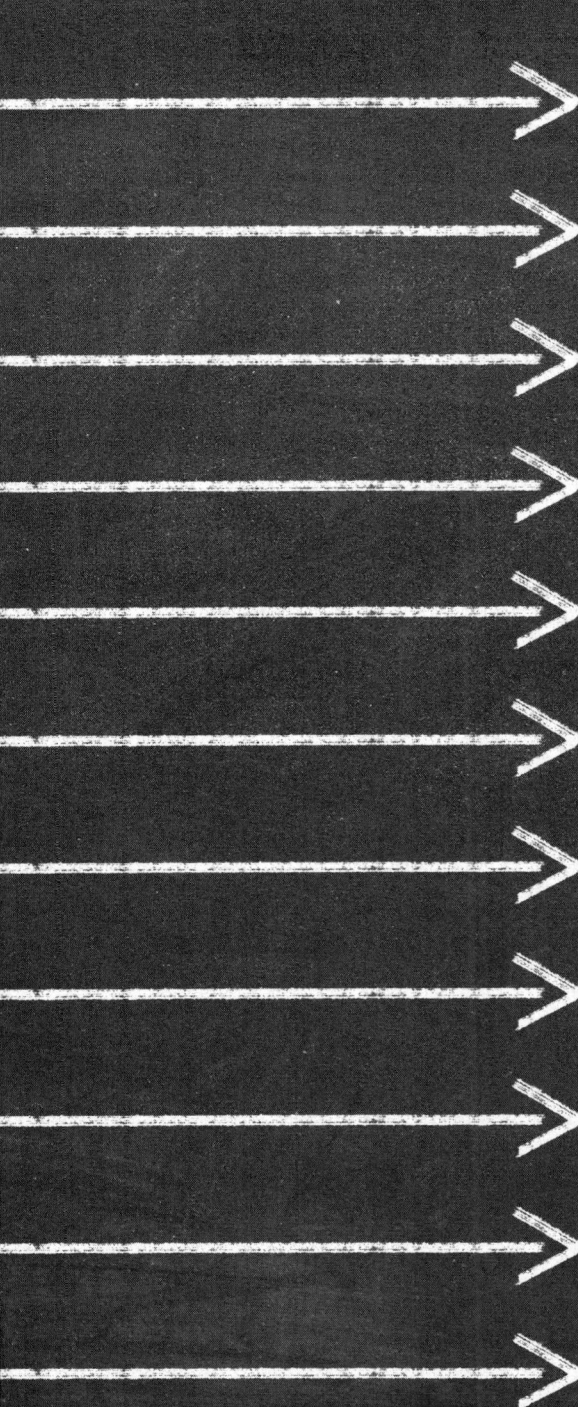

capítulo um
O que é bullying

O bullying é considerado um fenômeno mundial. Trata-se de um processo grupal que nasce e se manifesta entre estudantes em escolas de todos os países, compreendendo comportamento agressivo, intencional, repetitivo, caracterizado pelo desequilíbrio de poder e que ocorre sem motivação evidente.

O propósito é intimidar, maltratar, atormentar e amedrontar outro estudante na intenção de feri-lo, manter o domínio sobre ele, provocar o medo por meio de ameaça e indução de futura agressão e criar terror, podendo provocar na vítima sintomas de ansiedade, depressão e ideação suicida, violando a integridade e os direitos fundamentais.

Praticado por um ou mais estudantes, o bullying deixa a pessoa vitimada com medo, vergonha e impotente, sendo improvável que esta lute, conte ou peça ajuda a alguém, uma vez que há um desnível ou desequilíbrio de poder, seja por força física e tamanho, seja por popularidade e persuasão. Em outras palavras, os mais fortes se satisfazem ao converter seu colega de classe em objeto de diversão e prazer, o qual nada fez para ser atacado.

Há sempre um público, uma plateia que reforça as ações do agressor e de seus ajudantes quando assistem, dão risadas e apoiam as maldades cometidas. A violência é sutil, muitas vezes longe dos olhares dos adultos, e ocorre em segundos.

Resumimos a seguir a complexidade do bullying nas palavras da socióloga americana Barbara Coloroso (2008, p. 13-14, tradução nossa)[1], que conceitua o bullying em três elementos:

Coloroso (2002, citada por Carter, 2008, p. 20, tradução e grifo nosso)[2] ainda acrescenta um quarto elemento: "1. desequilíbrio de poder/ 2. intenção de ferir/3. ameaça de futura agressão".

> Quando o bullying aumenta sem intervenção, um quarto elemento é adicionado, que é o terror. O bullying é a **violência sistemática** utilizada para intimidar e manter o domínio. Uma vez que o **terror** é criado, o valentão pode agir sem medo de recriminação ou retaliação. A criança intimidada torna-se tão impotente que é improvável que ela lute ou conte a alguém sobre o bullying. O valentão conta com espectadores que se envolvem ao participar do bullying ou, ao menos, ao não fazer nada para pará-lo. Assim, o ciclo da violência começa [...].

Esse é o drama humano de uma criança ou adolescente em suas relações interpessoais dentro da escola: os fortes contra os fracos, muitos contra um só, os maus contra os bons. O agressor de bullying age com sutileza, falsidade e brutalidade, e outros colegas são levados nessa trama do mal contra seu próprio par. Trata-se de uma compulsão de agir motivada pelo grupo, tal qual propõe o desengajamento moral do agressor, a dessensibilização humana, a moral pervertida de fazer seu semelhante sofrer pelo domínio e pelo poder.

---

[1] No original: "1. Imbalance of power/2. intention to harm/3. threat of further aggression".

[2] No original: "When bullying escalates unadressed, a fourth element is added, that of terror. Bullying is systematic violence used to intimidate and maintain dominance. Once terror is created, the bully can act without fear of recrimination or retaliation. The bullied child is rendered so powerless that he is unlikely to fight back or to tell anyone about the bullying. The bully counts on bystanders becoming involved by participating in the bullying or, at least, by doing nothing to stop it. Thus the cycle of violence begins [...]".

Para Olweus (2006, p. 65, tradução nossa), no que se refere à prevenção e à intervenção antes que ocorram consequências tais como a queda no rendimento escolar e a evasão escolar, "não há dúvida de que o que já sabemos sobre o que devemos fazer é suficiente para iniciar uma intervenção sistemática"³.

Vejamos as formas de intimidação **declaradas pelos estudantes**, relatadas a partir do **ponto de vista das vítimas,** coletadas pelas pesquisadoras brasileiras Luciene Tognetta e Telma Vinha (2010): fazer ameaças; colocar apelidos que incomodam; fazer brincadeiras ou gozações que causem constrangimento; dizer coisas maliciosas sobre o vitimado ou seus familiares; esconder, quebrar e chutar materiais; ficar irritando; pegar os materiais sem autorização; fazer gozações por usar óculos, ser pequeno, alto, magro, gordo, ruivo etc.; pegar dinheiro ou fazer pagar lanches, sorvetes, refrigerantes; dar chutes, cutucões, tapas, pontapés, rasteiras, socos etc.

O bullying causa sofrimento, solidão, incapacidade reativa, danos físicos, psicológicos, morais, sociais e materiais no intimidado; indecisões comportamentais e atitudinais nos espectadores/nas testemunhas; e satisfação no agressor e em seus ajudantes, ameaçando o desenvolvimento saudável de crianças e jovens, futuros adultos, em todo o mundo (Felizardo, 2011, 2017, 2019, 2021).

De forma inédita, agrupamos três aspectos relacionados aos atores da intimidação sistemática entre pares nas escolas:

1. as categorias dos atores e dos ajudantes do agressor;
2. não há motivação evidente para a vítima ser escolhida;
3. a vítima não tem uma característica específica para ser escolhida.

Esses três aspectos agrupados e explicados a seguir são resultado de pesquisas desde o ano de 2007, visando facilitar a compreensão do que é o fenômeno do bullying entre os alunos. Essas especificações são fundamentais para diferenciar o bullying escolar de um caso pontual de agressão física e/ou virtual. Trata-se de um tema de grande importância,

---

3 No original: "Sin embargo, es indudable que lo que ya sabemos sobre lo que debemos hacer es suficiente para iniciar una intervención sistemática".

uma vez que a compreensão desses aspectos facilita a orientação dos professores no cotidiano.

1.1 Categorias dos atores e dos ajudantes do agressor

O Relatório de 2019 da Fundação Hazelden da Noruega recomenda não usar os termos *vítima*, *agressor* e *vítima-agressora* para não rotular os estudantes:

> É importante notar que os termos vítima, agressor e vítima-agressora *não devem ser usados para rotular crianças individualmente. Sempre que possível neste relatório, usamos frases como "alunos que foram intimidados" e "alunos que intimidaram outras pessoas", que são termos mais apropriados. Termos abreviados devem ser usados exclusivamente para fins de pesquisa e somente quando o uso de terminologia mais longa for desconfortável ou confuso.* (Limber; Olweus e Luxenberg, 2019, p. 3, tradução nossa, grifo do original)[4]

O Dr. Dan Olweus lançou as bases para as investigações do bullying e, no decorrer dos anos, pesquisadores fizeram (e fazem) alterações, correções e inclusões em seus estudos. Nesse relatório, Limber, Olweus e Luxenberg (2019) apontaram quatro categorias para nominar os envolvidos no bullying: 1. *intimidado por outros*; 2. *intimidou outras pessoas*; 3. *intimidaram outras pessoas e foram intimidadas por outras pessoas*; e 4. *não envolvido* (Limber; Olweus; Luxenberg, 2019, p. 3, tradução nossa). O uso dessas terminologias longas pode ser desconfortável, mas, de fato, os pesquisadores não usaram o termo *bully-victim*.

Nas pesquisas do Brasil, geralmente encontramos os termos *autor* e *agressor* para alunos que praticam bullying; *alvo* e *vítima* para alunos que sofrem bullying; e *espectador* e *testemunha* para aqueles que assistem,

---

4 No original: "It is important to note that the terms *victim, bully,* and *bully-victim* should not be used to label individual children. Wherever possible in this report, we use phrases such as 'students who were bullied' and 'students who bully others,' which are more appropriate terms. The shorthand terms should be used exclusively for research purposes and only when the use of longer terminology would be awkward or confusing".

apoiam e, assim, fortalecem o agressor. Esses termos já estão estabelecidos em nossa sociedade.

Entre as nominações dos integrantes do grupo de bullying, inclui-se o ajudante do agressor. Olweus (2006) denominou-os de *seguidores*; no entanto, eles não são apenas seguidores, mas aqueles que praticam a maldade a mando do agressor. "Muitos agressores induzem alguns de seus seguidores a fazer o 'trabalho sujo' enquanto permanecem afastados" (Olweus, 2006, p. 79, tradução nossa)[5].

Entendemos que os ajudantes são cooptados dentro da sala de aula e fazem parte, como atores, da dinâmica grupal dessa violência:

1. autor/agressor;
2. ajudantes do agressor;
3. alvo/vítima;
4. espectador/testemunha.

Optamos, nesta obra, pela nominação dupla dos integrantes. Enquanto ainda não há bullying, são denominados *autor, alvo* e *espectador*; na ocorrência da violência sistemática, nominamos *agressor, ajudante do agressor, vítima* e *testemunha*.

1.2 Não há motivação evidente para a vítima ser escolhida

A vítima não provoca e não há motivação evidente para ser escolhida.

Desde os estudos iniciais sobre bullying no Brasil, nos idos de 2004, até os dias de hoje, não encontramos publicações com ênfase na expressão "não há motivação evidente", que parece tão simplória, de interpretação lógica, podendo figurar apenas como parte do conceito do bullying.

Entretanto, essa falta de pesquisas sobre o termo trouxe uma definição conceitual errônea, com implicações injustas para as vítimas,

---

[5] No original: "Muchos agresores inducen a algunos de sus seguidores a que hagan el 'trabajo sucio' mientras que ellos se mantienen alejados".

caracterizando-as, revitimizando-as e tornando-as culpadas, como se elas dessem o direito de serem alvo de seus agressores.

Diante isso, esclareceremos a seguir que **o bullying ocorre sem motivação evidente**, pois não há motivo ou causa para fazer um aluno sofrer bullying.

Assim, corroboramos a próxima seção, que trata do fato de que a **vítima não tem uma característica específica** para ser alvo ou vítima de seus pares.

Na discussão entre deputados e senadores para a aprovação do texto do Programa de Combate ao Bullying, um dos legisladores defendeu a manutenção da expressão: "Se tivesse motivação evidente, já teria outro enquadramento, que não bullying. Portanto, tem que ser sem motivação" (Coad, 2015).

O Congresso Nacional decretou a Lei n. 13.185, de 6 de novembro de 2015, que instituiu o Programa de Combate à Intimidação Sistemática (Bullying). Segundo o art. 1º, parágrafo 1º, dessa lei,

> § 1º *No contexto e para os fins desta Lei, considera-se intimidação sistemática (bullying) todo ato de violência física ou psicológica, intencional e repetitivo* **que ocorre sem motivação evidente**, *praticado por indivíduo ou grupo, contra uma ou mais pessoas, com o objetivo de intimidá-la ou agredi-la, causando dor e angústia à vítima, em uma relação de desequilíbrio de poder entre as partes envolvidas.*
> (Brasil, 2015, grifo nosso)

Nesse preâmbulo, foi coerente a conduta do legislador de defender que se mantivesse a expressão – "sem motivação evidente" –, pois esta faz parte do conceito desenvolvido pelo psicólogo norueguês Dan Olweus, que, desde 1973, pioneiramente investiga o tema da agressividade entre pares: "Pode-se acrescentar que muito do bullying parece ocorrer sem provocação aparente por parte da vítima. Esta definição deixa claro que o bullying pode ser considerado uma forma de abuso, e por vezes utilizo o termo abuso **entre pares** como nome para o fenômeno" (Olweus, 2014, p. 3, tradução nossa, grifo do original)[6].

Reconhecidamente, os médicos pediatras Lauro Monteiro Filho e Aramis Antonio Lopes Neto e a psicóloga e psicopedagoga Lucia Helena Saavedra, que desenvolveram o Programa de Redução do Comportamento Agressivo entre Estudantes nos anos de 2002 e 2003, foram precursores do grande processo de sensibilização da sociedade brasileira para o bullying no Brasil.

Esses pesquisadores, fundamentados em pesquisas internacionais, contribuíram para o estabelecimento do conceito de bullying nas discussões para a sanção da Lei n. 13.185/2015 (bullying, ou intimidação sistemática). Destacamos do conceito o excerto "que ocorrem sem motivação evidente", publicado na primeira edição do livro de 2004 e também na segunda edição (Lopes Neto; Saavedra, 2008, p. 18):

> *Bullying compreende todas as atitudes agressivas, intencionais e repetidas,* **que ocorrem sem motivação evidente**, *adotadas por um ou mais estudantes contra outros(s), causando dor e angústia, e executadas dentro de uma relação desigual de poder, tornando possível a intimidação da vítima. (Lopes Neto; Saavedra, 2008, p. 26, grifo nosso)*

O Dr. Aramis Antonio Lopes Neto, médico pediatra, também publicou um artigo científico no *Jornal de Pediatria* que é referência nacional (Lopes Neto, 2005, p. 165, grifo nosso), no qual também aponta o conceito de bullying como atitudes agressivas "**que ocorrem sem motivação evidente**".

---

[6] No original: "Se puede añadir que mucho del acoso escolar parece darse sin una provocación aparente por parte de la persona víctima. Esta definición deja claro que el acoso escolar puede ser considerado una forma de abuso, y algunas veces yo utilizo el término abuso entre iguales como denominación del fenómeno".

1.3 Vítima não tem característica para ser escolhida

Se a vítima não provoca e não há motivação evidente para a agressão, há certa obviedade na ideia de que ela não tem uma característica específica para ser escolhida com o fim de ser agredida pelos próprios colegas.

Middelton-Moz e Zawadski (2007, p. 105), por sua vez, mencionam que a maioria dos agressores tem capacidade "instintiva" de saber quando outras pessoas serão bons alvos para seu bullying, escolhendo, assim, "parceiros de dança".

Na psicologia moral, conforme Tognetta (2012), é a "escolha" que diferencia o bullying de uma brincadeira qualquer: há intenção do autor em causar sofrimento a um alvo "escolhido a dedo" para receber as agressões, que se repetem no cotidiano a ponto de fazer a vida desse alvo um "inferno".

Diante da falta de motivo e da forma como são escolhidas as possíveis vítimas, concluímos, conforme as pesquisas científicas, que não existem fatores na aparência física para caracterizar um alvo/vítima. Assim, também não há que se dar nomes aos tipos de bullying – nomes usados no senso comum, como *bullying gordofóbico*, *bullying homofóbico*, *bullying pedagógico* –, uma vez que o bullying é uma violência física e psicológica e ocorre somente entre estudantes.

> Se uma vítima é escolhida pelo agressor e seus ajudantes sem que os tenha provocado, qualquer pessoa pode se tornar um alvo, razão pela qual não podemos caracterizar o alvo, a futura vítima.

Houve um equívoco de tradução e/ou interpretação nos primeiros estudos sobre o bullying no Brasil, quando foi feito um perfil para caracterizar as vítimas, considerando-se o que afirmou Olweus (2006, p. 48, tradução e grifo nosso):

> Quando **os alunos** são solicitados a explicar por que certas crianças sofrem bullying, eles tendem a se referir a características externas, pode ser aparência física, como obesidade, cabelos ruivos, expressões idiomáticas ou uso de óculos. Contudo, pesquisas

realizadas com dois grupos diferentes de crianças **não forneceram nenhuma evidência** que apoiasse tal explicação (OLWEUS, 1973a, 1978).[7]

Olweus (2006) explicou que foram os alunos que opinaram sobre o motivo pelo qual achavam que seus colegas tinham sido escolhidos como vítimas, reafirmando que nas duas pesquisas que fez (em 1973a e 1978) não apareceu nenhuma evidência sobre a aparência física das vítimas.

Conforme Olweus (2006, p. 49, tradução nossa), "A única 'característica externa' que diferenciava alguns grupos de outros era a força física: as vítimas eram fisicamente mais fracas que os rapazes em geral (enquanto os agressores eram mais fortes que a média e, em particular, mais fortes que as vítimas)"[8].

Lisboa, Braga e Ebert (2009, p. 63) clareiam o conceito de Olweus (2006) quando mencionam que diferenças físicas, emocionais e sociais, relativas a aspectos econômicos e culturais, bem como a características de personalidade e temperamento, são fatores já observados em pesquisas. Esses autores acrescentam:

> É importante enfatizar que tais aspectos, mesmo que possam causar o bullying e até explicá-lo, não o legitimam, pois esse processo vai contra princípios éticos culturais e individuais de respeito às diferenças individuais, solidariedade e normas para convivência saudável grupal (Lisboa, 2005).

Nesse sentido, desrespeitamos a criança e o adolescente quando dizemos que ela/ele sofreu perseguição em razão de sua aparência física, o que causa a revitimização da vítima.

No próximo capítulo, trataremos de uma variável do bullying: o cyberbullying e suas características.

---

[7] No original: "Cuando se pide a los alumnos que expliquen por qué determinados niños sufrem agresiones, tienden a referirse a desviaciones externas (negativas), como la obesidad, el color rojo del pelo, formas dialectales inusuales o el hecho de llevar gafas. Sin embargo, las investigaciones llevadas a cabo con dos grupos diferentes y chicos no aportaron prueba alguna que apoyara tal explicación (OLWEUS, 1973a, 1978)".

[8] No original: "La única 'desviación externa' que diferenciaba unos grupos de otros fue la fortaleza física: las víctimas eran más débiles físicamente que los chicos en general (mientras que los agresores eran más fuertes que la media, y en particular más fuertes que las víctimas)".

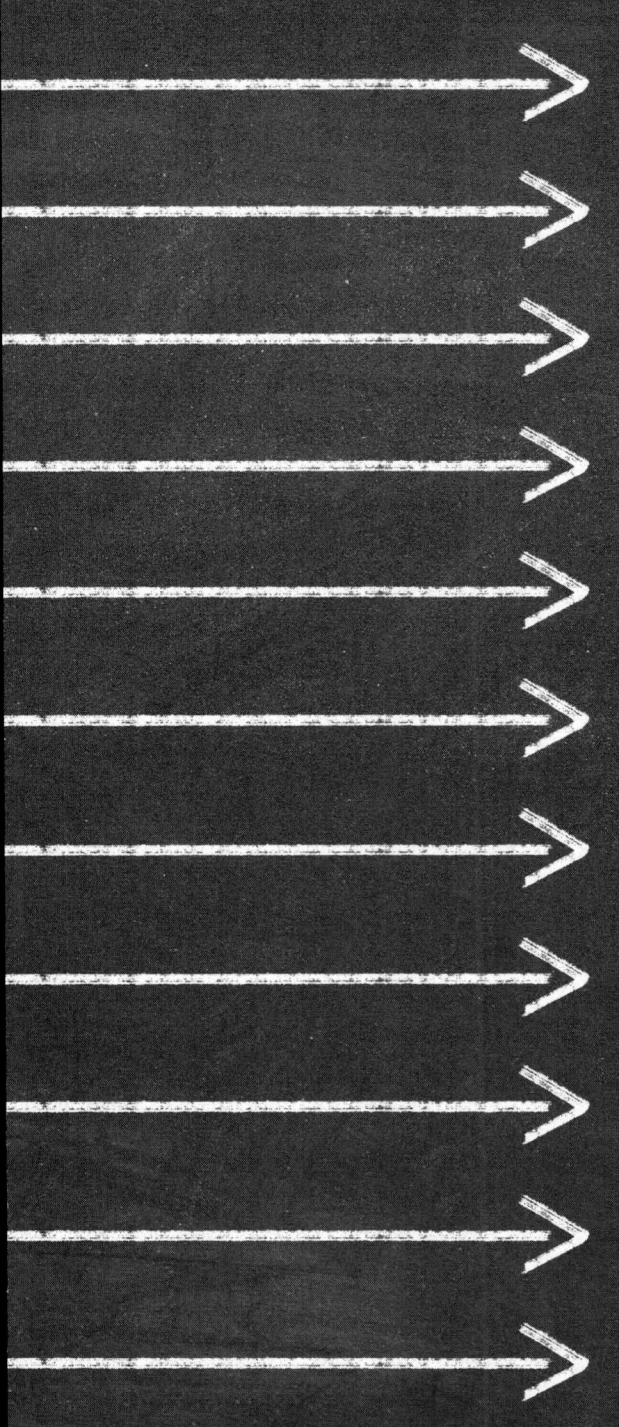

capítulo dois
O que é cyberbullying

O cyberbullying é uma subcategoria ou um tipo específico do bullying tradicional – trata-se do bullying virtual. Consiste na realização de ações negativas com o emprego de recursos tecnológicos, dirigidas de maneira intencional e repetida, com desequilíbrio de poder entre os envolvidos, praticadas por meio de mensagens de texto, de imagens e/ou de vídeos enviados pela internet, geralmente via celular e rede social (Felizardo, 2010, 2021).

> Basicamente, estamos nos referindo a incidentes em que adolescentes usam a tecnologia para assediar, ameaçar, humilhar ou incomodar seus colegas. Por exemplo, os jovens podem enviar textos prejudiciais a outras pessoas ou espalhar boatos usando smartphones ou tablets. Os adolescentes também criam páginas da web, vídeos e perfis nas plataformas de mídia social, tiram sarro dos outros. Com dispositivos móveis, os adolescentes tiram fotos em um quarto, banheiro ou outro local em que a

privacidade é esperada e publicam ou distribuem on-line. Outros gravam vídeos não autorizados de seus pares e os enviam para o mundo inteiro para avaliar, classificar, marcar e discutir. Outros ainda estão adotando aplicativos anônimos ou os recursos interativos nas redes de jogos para destruir ou humilhar outras pessoas. (Hinduja; Patchin, 2019, p. 2, tradução nossa)[1]

Como podemos observar nessa citação, Hinduja e Patchin (2019) descrevem o uso indevido da tecnologia por meio de dispositivos tecnológicos e os locais possíveis para a prática do cyberbullying entre adolescentes. Os quatro tipos de atores do cyberbullying são os seguintes:

1. **Ciberagressor**: Planeja as crueldades e divulga as ofensas.
2. **Cibervítima**: Sofre com as agressões promovidas pelo ciberagressor.
3. **Ciberespectador**: Recebe a mensagem, mas não replica a ofensa recebida.
4. **Ciberespectador coagressor**: Recebe e reenvia as ofensas recebidas do ciberagressor e torna-se coagressor (Felizardo, 2021).

O cyberbullying apresenta cinco características bastante peculiares que o diferem do bullying tradicional ou bullying face a face (cara a cara):

1. **Anonimato**: O ciberagressor geralmente é anônimo. A cibervítima desconhece sua identidade, o que pode causar um estado profundo de tensão emocional.
2. **Acessibilidade**: A violência pode ocorrer a qualquer horário, visto que o ciberagressor tem acesso à cibervítima 24 horas por dia.
3. **Medo de punição**: A cibervítima, muitas vezes, deixa de denunciar o ciberagressor por medo de represálias. Além disso, teme que os pais não acreditem na violência sofrida, uma vez que o ciberagressor não é visível, ou que a privem do acesso ao computador e ao celular.

---

[1] No original: "Basically, we are referring to incidents where adolescents use technology to harass, threaten, humiliate, or otherwise hassle their peers. For example, youth can send hurtful texts to others or spread rumors using smartphones or tablets. Teens have also created web pages, videos, and profiles on social media platforms making fun of others. With mobile devices, adolescents have taken pictures in a bedroom, a bathroom, or another location where privacy is expected, and posted or distributed them online. Others have recorded unauthorized videos of their peers and uploaded them for the world to see, rate, tag, and discuss. Still others are embracing anonymous apps or the interactive capabilities on gaming networks to tear down or humiliate others".

4. **Ciberespectadores**: Ser um espectador no mundo cibernético possibilita ser coautor, na medida em que se pode reencaminhar *web pages*, *e-mails*, textos, imagens/fotos e vídeos pelo celular. A quantidade de ciberespectadores de uma agressão no mundo cibernético é inumerável. Nessa nominação, não aplicamos o termo *cibertestemunha*, pois as provas no cometimento de ilícitos são as próprias máquinas – *desktop*, PC e dispositivos móveis.
5. **Desinibição**: O anonimato proporcionado pela internet pode motivar a cibervítima a ter comportamento "corajoso", algo que provavelmente não conseguiria realizar na presença física de seu agressor (Felizardo, 2010, 2021).

Assim como não podemos confundir casos pontuais de agressividade com o bullying, que é sistemático, também não podemos confundir ciberagressão, um caso pontual, com o cyberbullying, que é sistemático e ocorre entre pares. Bozza e Vinha (2023, p. 5) explicam que "O termo cyber agressão, geralmente, é utilizado para designar a agressão de forma ampla, quando há a intenção de causar um dano a uma pessoa, utilizando, para isso, celulares, internet e redes sociais".

As mesmas pesquisadoras acrescentam que, quando as agressões "ocorrem entre sujeitos que não têm o mesmo poder de influência (autoridade) uns sobre os outros, como, por exemplo entre um professor e um aluno, chamamos de cyberassédio", eliminando, assim, o mito ou senso comum de que o "aluno faz bullying ou cyberbullying com seu professor" (Bozza; Vinha, 2017, p. 1992)

Assim como enfatizamos em relação ao bullying no capítulo anterior, no cyberbullying, observamos que as violências geradas por agressores ou ciberagressores, conforme Calhau (2018), são atos ilegais, violam os direitos fundamentais de crianças e adolescentes como pessoas em desenvolvimento, sendo que os pais e as escolas poderão ser responsabilizados judicialmente.

Por isso, nós, professores, necessitamos trabalhar no individual para a prevenção, nos anos iniciais do ensino fundamental, com crianças de 6 a 10 anos de idade, a fim de evitar processos judiciais.

Ninguém quer ser difamado na rede social.

No dizer de Olweus (2006), jovens com comportamento antissocial, que se opõem a normas, mais tarde terão problemas de conduta como a delinquência e o alcoolismo.

Nos idos do ano de 2007, princípio de nossos estudos, o objetivo era entender o porquê da agressividade e da judicialização dos alunos. Hoje, como já conhecemos um pouco mais dessa dinâmica, podemos realizar a prevenção e a imediata intervenção na ocorrência dos primeiros sinais de bullying e cyberbullying, evitando, assim, que escolares pré-adolescentes cumpram medidas socioeducativas e fiquem longe de seus familiares e do convívio social com seus pares e professores.

Para evitar a judicialização de adolescentes ciberagressores entre 12 e 18 anos de idade incompletos nos casos de cyberbullying, é necessário compreender o bullying e o cyberbullying no contexto do processo de grupo social. A ferramenta pedagógica Círculo de Diálogo Respeitoso (CDR) pode auxiliar muito se trabalhada preventivamente desde a educação infantil.

No próximo capítulo, veremos as especificidades dessas violências presenciais ou virtuais entre os estudantes.

capítulo três
Bullying escolar e suas especificidades

Nenhuma criança deveria sentir medo de ir à escola.

O bullying escolar ocorre, na maioria das vezes, na sala de aula, em virtude da longa permanência dos alunos com o mesmo grupo de pessoas. É nesse lugar comum do cotidiano, destinado à aprendizagem e propício às interações sociais dos alunos, que ocorre a violência intimidatória e sistemática, com ataques frequentes e repetidos ao estudante.

3.1 Mecanismos de grupo

Quando vários alunos se envolvem conjuntamente para intimidar outro aluno, é provável que certos mecanismos de grupo estejam em ação. Alguns desses mecanismos importantes são: "1) '**contágio social**'; 2) 'enfraquecimento do controle ou das inibições contra tendências agressivas';

3) 'diluição' de responsabilidade; e 4) '**mudanças** na **percepção da vítima** por parte de seus companheiros'"[1] (Olweus, 2006, p. 63-64, tradução nossa, grifo do original).

Sobre o primeiro mecanismo, Olweus (2006, p. 63, tradução nossa, grifo do original) afirma que o termo *contágio social* tem sido utilizado para aqueles "alunos que não têm um *status* próprio entre os colegas, [mas] gostariam de se impor"[2], ou seja, eles têm o agressor como um modelo, como uma influência positiva e são contagiados pelo comportamento agressivo deste, que aparenta ser bem resolvido e forte.

Quanto ao segundo mecanismo – enfraquecimento do controle ou das inibições contra tendências agressivas –, Olweus (2006, p. 63, tradução nossa) menciona que "o princípio mais importante é que a contemplação de um modelo que recebe uma recompensa pelo seu comportamento agressivo tende a diminuir as 'inibições' do próprio observador"[3]. Em outras palavras, a falta de controle para parar as agressões tende, de forma negativa, a ativar e fortalecer a inibição dos espectadores/testemunhas, uma vez que o agressor terá "vitória" sobre sua vítima.

Olweus (2006, p. 64, tradução nossa), ao tratar do terceiro mecanismo – diluição da responsabilidade –, afirma que: "Na psicologia social está claramente estabelecido que o senso de responsabilidade individual de uma pessoa por uma ação negativa, como a agressão entre estudantes, pode ser consideravelmente reduzido quando várias pessoas participam dela"[4]. Ou seja, quando a agressão ocorre dentro de um grupo de alunos, há uma diminuição, um esmaecimento, uma diluição do sentido da responsabilidade individual, resultando em um sentimento menor de culpabilidade pessoal nas agressões.

---

[1] No original: "1) '*contagio social*'; 2) 'debilitamiento del control o de las inhibiciones frente las tendencias agresivas'; 3) 'dilución' de la responsabilidad y 4) '*cambios* en la *percepción de la víctima* por parte de sus compañeros'".

[2] No original: "los alumnos que no tienen un *status* proprio entre los compañeros, los que desearían imponerse ellos mismos".

[3] No original: "el principio más importante es que la contemplación de un modelo que recibe una recompensa por su conducta agresiva tiende a disminuir las 'inhibiciones' propias del observador".

[4] No original: "En la psicología social se establece con claridad que el sentido de la responsabilidad individual de una persona por una acción negativa, como la agresión entre alumnos, puede reducirse considerablemente cuando varias personas participan en ella".

Por fim, quando trata do quarto mecanismo – mudanças na percepção da vítima por parte de seus companheiros –, Olweus (2006, p. 64, tradução nossa, grifo do original) conclui: "Como resultado dos contínuos ataques e comentários ofensivos, aos poucos a vítima será percebida como uma pessoa de muito pouco valor, que quase 'implora para que a maltratem' e que merece ser assediada"[5]. Em razão da insistência da intimidação, após algum tempo, a própria vítima tem a percepção de que ela merece ser atacada e agredida, e esse fato contribui para o enfraquecimento de um possível sentimento de culpa nos agressores.

Na figura a seguir, esquematizamos a dinâmica do bullying entre os pares.

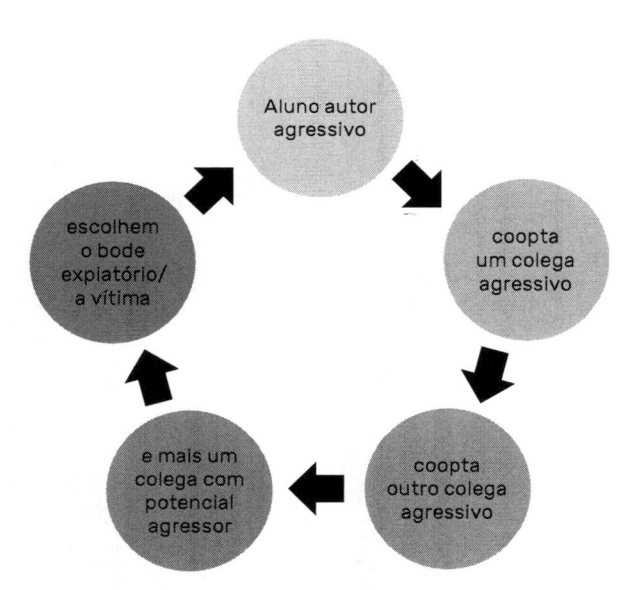

Figura 3.1 – Dinâmica do bullying na sala de aula

- Aluno autor agressivo
- coopta um colega agressivo
- coopta outro colega agressivo
- e mais um colega com potencial agressor
- escolhem o bode expiatório/a vítima

Na Figura 3.1, apresentamos a dinâmica do bullying na sala de aula, um mecanismo próprio em que o aluno autor/agressor coopta ajudantes,

---

[5] No original: "Como resultado de los continuos ataques y comentarios ofensivos, poco a poco la víctima será percibida como una persona de muy poco valor que casi 'suplica que le peguen' y que merece que se le hostigue".

dois ou três colegas da sala de aula, e, juntos, escolhem o alvo/vítima para ser o bode expiatório do mandante, o agressor.

Como exemplo, numa sala de aula com trinta alunos, separamos os cinco alunos identificados na Figura 3.1: o agressor, os três ajudantes e a vítima. Dessa conta sobram vinte e cinco alunos, nominados de *espectadores/testemunhas*, os quais assistem e apoiam o ato de agressão sem se dar conta de que, com isso, fortalecem e apoiam o agressor quando riem ou nada fazem diante das maldades dele. Dessa forma, são vinte e cinco espectadores, além dos quatro agressores contra um alvo. É bem difícil para a vítima sair dessa situação sem a intervenção de um adulto ou da instituição.

De acordo com Piñuel (2013), para compreender como ocorre o bullying, é necessário descobrir quem é o verdadeiro agressor, o mandante do bullying, pois os ajudantes, os executores das maldades, foram manipulados, envolvidos e contagiados para praticar as ações ordenadas pelo instigador.

Como vimos, no grupo social da sala de aula, há três tipos principais de estudantes que se destacam, definidos como autor/agressor, alvo/vítima (bode expiatório) e espectador/testemunha do bullying. O professor pesquisador de psicologia Dr. Dan Olweus, pioneiro nos estudos de bullying e autoridade mundial no assunto, apresenta as definições de cada um desses tipos em sala de aula, que veremos na sequência.

3.1.1 O autor/agressor

> *O objetivo principal do agressor de bullying é relegar a vítima ao isolamento e à exclusão do grupo social.*

O autor/agressor de bullying é um aluno que coopta outros estudantes como ajudantes e intimida, persegue e subjuga um colega escolhido a fim de demonstrar seu "poder" e domínio sobre a pessoa para se mostrar ao grupo e para obter autossatisfação. De acordo com Olweus (2006, p. 56-57, tradução nossa),

> *Entre os meninos de uma classe normalmente há certos conflitos e tensões de diferentes tipos. Em geral, também existem algumas interações um tanto agressivas, em*

parte por diversão, como forma de se afirmar e verificar as relações de força que se estabelecem entre eles. Se houver um potencial agressor (ou vários) nesse grupo, isso influenciará as atividades dos meninos. As interações serão mais duras, veementes e violentas. O temperamento irascível do agressor, sua destacada necessidade de ameaçar, dominar e de subjugar outros se impõem com força. [...]
Para um menino com inclinações agressivas, o potencial bode expiatório constitui um objetivo ideal. [...] Porém, geralmente o agressor quer que outros se juntem a ele e logo induz seus amigos mais próximos a escolher o bode expiatório.[6]

Olweus (2014, p. 8, tradução nossa) aponta que os autores/agressores de bullying tendem a exibir algumas das seguintes características:

» *têm forte necessidade de dominar e subjugar outros estudantes e conseguir o que querem*
» *são impulsivos e irritam-se facilmente*
» *não mostram nenhuma empatia para com os estudantes que são vítimas*
» *são frequentemente desafiadores e agressivos com adultos, incluindo pais e professores*
» *estão frequentemente envolvidos em outras atividades antissociais ou que violam regras, como vandalismo, delinquência e uso de drogas*
» *se forem meninos, muitas vezes são fisicamente mais fortes que os meninos em geral e suas vítimas em particular.*[7]

---

[6] No original: "Entre los chicos de una clase normalmente existen determinados conflitos y tensiones de diferentes tipos. Por lo general, también, suelen producirse bastantes interaciones un tanto agresivas, en parte como diversión, como forma de autoafirmarse y para comprobar las relaciones de fuerza que se establecen entre ellos. Si hay un agresor potencial (o varios) en ese grupo, influirá en las actividades de los chicos. Las interacciones serán más ásperas, vehementes y violentas. El temperamento irascible del agresor, su destacada necesidad de amenazar, de dominar y de subyugar a los otros se imponen con fuerza. [...] Para un chico con inclinaciones agresivas, el potencial chivo expiatorio constituye un objetivo ideal. [...] Pero generalmente el agresor quiere que otros se le unan, y muy pronto induce a sus amigos más íntimos a escoger el chivo expiatório".

[7] No original: "una fuerte necesidad de dominar y someter a otros compañeros y salirse siempre con la suya/ son impulsivos y de enfado fácil/ no muestran ninguna solidaridad con los compañeros victimizados/ a menudo son desafiantes y agresivos hacia los adultos, padres y profesorado incluidos/ a menudo están involucrados en actividades antisociales y delictivas como vandalismo, delincuencia y drogadicción/ en el caso de los chicos son a menudo más fuertes que los de su edad y, en particular, que sus víctimas".

Como vimos, o autor/agressor é o mandante do bullying, aquele que instiga os demais a cometer as agressões contra um alvo escolhido por ele.

3.1.2 Os ajudantes do agressor

O aluno autor/agressor cativa outros dois ou três colegas com potencial agressivo. No entanto, estes agem passivamente e não tomam iniciativa, uma vez que são "mandados" para ficar ao lado daquele que se destaca na turma.

Olweus (2006, p. 54) menciona que os agressores geralmente se cercam de um "pequeno grupo de dois ou três amigos que os apoiam e que parecem simpatizar com eles"[8], os quais vão ajudá-lo em suas ações negativas e agressivas.

Piñuel e Oñate (2006, p. 42, tradução nossa), por sua vez, ao se referirem aos ajudantes, afirmam: "Muitas vezes, o aluno [ou aluna] que intimida outro colega [de classe] é rapidamente cercado por uma gangue ou grupo de intimidadores que, de forma unânime e gregária, juntam-se ao comportamento agressivo contra a vítima".[9]

3.1.3 O alvo/vítima (bode expiatório)

Acrescentamos aos conceitos do Dr. Dan Olweus, outras definições para o conceito de alvo/vítima no papel de bode expiatório com base nos estudos de Aramis Lopes Neto e Lucia Helena Saavedra, pediatra e psicopedagoga, respectivamente, do Rio de Janeiro; Silvana Giachero, psicóloga uruguaia; e Iñaki Piñuel e Araceli Oñate, psicólogos da Espanha.

Lopes Neto e Saavedra (2008) registram que, muitas vezes, o alvo/vítima de bullying sofre e não tem a capacidade de reagir, nem mesmo de compartilhar com alguém as angústias vividas, assumindo, assim, o papel de bode expiatório do grupo. De acordo com Pichon-Rivière (citado por Lopes Neto; Saavedra, 2008, p. 45), "todo grupo pode ter um bode-expiatório. [...] Quando esse membro é ainda criança, ela pode se

---

8 No original: "pequeño grupo de dos o tres amigos que les apoyan y que parecen simpatizar con ellos".

9 No original: "Con mucha frecuencia el niño o niña que acosa a otro compañero suele estar rodeado rápidamente de un *Gang* o grupo de acosadores que se suman de manera unánime y gregaria al comportamiento de hostigamiento contra la víctima".

conformar em ocupar esse lugar e passar a acreditar ser merecedora de represensões e castigos".

Para Silvana Giachero (2020, tradução nossa), terapeuta em traumas, autora e palestrante sobre bullying escolar, "O bode expiatório é o 'melhor amigo do homem' porque graças a ele todo o grupo fica livre de todas as suas culpas e de todos os seus males, pois é ele quem se torna a causa de tudo e até do castigo que lhe é infligido"[10].

Para a compreensão desse mecanismo de bode expiatório, os psicólogos espanhóis Iñaki Piñuel e Araceli Oñate (2006) recorrem ao antropólogo René Girard, que explica como se desenvolvem as formas de assédio psicológico, inclusive o bullying.

Para Girard (citado por Piñuel; Oñate, 2006, p. 42, tradução nossa), "A violência encontra uma forma de ser canalizada socialmente, materializando-se num conhecido mecanismo de regulação de grupos em crise: o mecanismo do bode expiatório"[11].

Importante esclarecer que revitimizamos a vítima quando esta já está sofrendo perseguição, mas não acreditam nela ou acham que é a culpada por ter sido escolhida como vítima. Piñuel e Oñate (2006, p. 51, tradução nossa) mostram como surge esse processo:

> surge o chamado "erro básico de atribuição", fenômeno característico de todos os processos de vitimização, que explica por que conselheiros, professores e pais tendem, sem estarem excessivamente conscientes disso, a atribuir à criança vítima de bullying a responsabilidade pelo que lhe acontece, procurando ver nela os traços, características, deficiências, déficits atitudinais ou comportamentais que a tornam merecedora ou responsável, de alguma forma, pela situação de bullying que sofre.

---

[10] No original: "El chivo expiatorio es el 'mejor amigo del hombre' porque gracias a él todo el grupo se libera de todas las culpas y de todos sus males, ya que es él el que pasa a ser el causante de todo e incluso del castigo que le infringen".

[11] No original: "La violencia encuentra una forma de canalizarse socialmente materializándose en un mecanismo conocido de regulación de grupos en crisis: el mecanismo del chivo expiatorio".

O erro básico de atribuição tende a fazer da criança vítima de bullying e violência escolar um pseudoculpado.[12]

Nesse sentido, a vítima torna-se indefensável, não pode ser defendida ou protegida, pois a ela é atribuída a culpa de ter sido merecedora, de uma forma ou outra, dos maltratos de seus algozes e de todos os seus colegas na sala de aula.

O próximo tipo identificado entre os principais atores da violência grupal do bullying são os espectadores ou testemunhas.

3.1.4 O espectador/testemunha

Os espectadores/testemunhas são a maioria dos alunos da sala de aula que assistem diariamente aos atos de maldade e que apoiam e fortalecem os ataques do agressor e de seus ajudantes quando riem da situação. Quando dão risadas ao acharem engraçadas as ações maldosas dos agressores, involuntariamente são coadjuvantes do bullying, evidentemente sem consciência da perversa dinâmica do processo grupal.

> Se não existisse plateia, não haveria bullying, pois o agressor gosta de chamar a atenção para sua pessoa e mostrar seu poder dominador sobre a vítima.

Lopes Neto e Saavedra (2008, p. 75), pioneiros na pesquisa científica sobre bullying no Rio de Janeiro, também usam a denominação *testemunha do bullying*. Vejamos a definição desses autores para os espectadores/testemunhas:

---

[12] No original: "hace su aparición el conocido como 'error básico de atribución', fenómeno característico de todos los procesos de victimización, que explica por qué los orientadores, profesores y padres tienden, sin ser excesivamente conscientes de ello, a atribuir al niño acosado la responsabilidad de lo que le ocurre, intentando ver en él los rasgos, características, carencias, déficits actitudinales o conductuales, que le hacen ser merecedor o responsable, de alguna forma, de la situación de acoso que sufre. El error básico de atribución tiende a hacer del niño víctima de acoso y violencia escolar un pseudoculpable".

Apesar de não estarem diretamente envolvidos com os atos de bullying, os estudantes testemunhas são obrigados a conviver, diariamente, no mesmo ambiente onde o bullying é praticado. Isso os força a assumir um comportamento de autopreservação, que os faz sentirem-se desobrigados a defenderem o colega alvo, para que não sejam eles as "próximas vítimas". (Lopes Neto; Saavedra, 2008, p. 75)

Embora os espectadores se calem com medo de se tornarem os próximos alvos, tornam-se corresponsáveis pelos atos.

Numa situação de agressão e assédio, este mecanismo pode funcionar da seguinte forma: normalmente o modelo (o agressor ou agressores) será recompensado com a sua "vitória" sobre a vítima. [...] Todos esses fatores se combinam para enfraquecer os controles contra tendências agressivas em alunos/observadores "neutros" e podem contribuir para o seu envolvimento em atividades de bullying. (Olweus, 2006, p. 63-64, tradução nossa)[13]

Na próxima seção, mostraremos alguns fatores que levam um aluno a ter um comportamento agressivo e ser aquele que planeja a maldade para a própria satisfação de ter poder e domínio sobre outro.

3.2 Comportamento agressivo dos alunos

O comportamento agressivo entre estudantes é um problema universal, com características especiais, devendo ser considerado como violência escolar no âmbito da área da saúde, de acordo com o pioneiro pesquisador e psicólogo Dan Olweus, do Centro de Investigação para a Promoção da Saúde da Universidade de Bergen, na Noruega.

Olweus (2014) argumenta que o comportamento violento/violência deve ser definido como todo comportamento agressivo em que o ator ou perpetrador usa o próprio corpo ou um objeto externo (incluindo uma arma) para infligir ferimentos (relativamente graves) ou causar

---

[13] No original: "En una situación de agresión y acoso, este mecanismo puede funcionar de la siguiente manera: normalmente el modelo (el agresor o los agresores) será recompensado con su 'victoria' sobre la víctima. [...] Todos estos factores se combinan para debilitar los controles frente a las tendencias agresivas en los alumnos/observadores 'neutrales', y pueden contribuir a que éstos participen en la actividad de intimidación".

desconforto em outro indivíduo. Nas ações de bullying escolar, o uso de armas se restringe aos casos em que a vítima reage, perpetrando tragédias em escolas.

As situações de violência apresentam muitos fatores oriundos da educação familiar. Nas pesquisas de Olweus (2006, p. 59, tradução nossa, grifo do original), há quatro tendências possíveis para caracterizar o ambiente em que o agressor de bullying ou cyberbullying foi educado:

1. "Uma atitude básica negativa, caracterizada pela falta de carinho e dedicação, aumenta sem dúvida o risco da criança se tornar mais tarde em uma pessoa agressiva e hostil para com os outros."
2. "Se o cuidador tende a ser permissivo e "tolerante" e não define claramente os limites do que é consideradocomportamento agressivo com colegas, irmãos e adultos, é provável que o grau de agressividade da criança aumente."
3. "[...] aumenta o grau de agressividade é a utilização pelos pais de *métodos de 'afirmação de autoridade'*, como castigos físicos e explosões emocionais violentas."
4. "[...] *o temperamento da criança* também desempenha um papel no desenvolvimento de um padrão de reação agressiva."[14]

Ainda conforme o autor, "Os fatores hereditários também podem influir no desenvolvimento de um modelo de reação agressiva ou ansiosa, por exemplo, através do temperamento da criança. No entanto, é provável que esses fatores exerçam uma influência menor e indireta" (Olweus, 2006, p. 65, tradução nossa)[15].

---

[14] No original: 1)"Una actitud básica negativa, caracterizada por carencia de afecto y de dedicación, sin duda incrementa el riesgo de que el chico se convierta más tarde en una persona agresiva y hostil hacia los demás".
2) "Si el cuidador suele ser permisivo y 'tolerante' y no fija claramente los límites de aquello que se considera comportamiento agresivo con los compañeros, hermanos y adultos, es probable que el grado de agresividad del niño aumente".
3) "[...] aumenta el grado de agresividad del niño es el empleo por parte de los padres de *métodos de 'afirmación de la autoridad'*, como el castigo físico y los exabruptos emocionales violentos".
4) "[...] *el temperamento del niño* también desempeña su función en el desarrollo de un modelo de reacción agresiva".

[15] No original: "Los factores hereditarios también pueden influir en el desarrollo de un modelo de reacción agresiva o ansiosa, por ejemplo, a través del temperamento del niño. Sin embargo, es probable que estos factores ejerzan una influencia menor e indirecta".

Fatores inatos e hereditários, bem como o ambiente, são considerados tendências que podem contribuir para o comportamento agressivo, tanto em meninos quanto em meninas, mas cada situação deve ser analisada individualmente. A família é a base, a estruturação da personalidade da criança. Lopes Neto e Saavedra (2008, p. 44) explicam o comportamento agressivo entre estudantes:

> Ao se analisar o comportamento de um autor de bullying, com frequência chega-se à conclusão de que alguma coisa falhou durante seu processo de desenvolvimento e que, portanto, talvez não tenha sido possível àquela família cumprir a função esperada de "assegurar o crescimento psicossocial" daquele jovem.

O comportamento agressivo dos alunos deve ser observado com base nas relações familiares: quem são os pais, com quem convivem, como se dão as relações entre os adultos e qual foi o modelo de conduta dominante ou agressiva nos primeiros anos de vida da criança.

3.3 Bullying é violência física e violência psicológica

Estudantes que são intimidados – os alvos/vítimas –, quando vivenciam o bullying, além de sofrerem a violência física, podem experimentar como consequências: baixa autoestima, ansiedade, depressão, alteração de conduta, automutilação e ideação suicida quando afetados psicologicamente.

Por outro lado, os agressores/autores de bullying têm motivos psicológicos que alimentam a conduta agressiva. Olweus (2006) aponta três destes: 1) sentem necessidade de poder e domínio; 2) sentem satisfação quando infligem dano e sofrimento; e 3) são beneficiados com dinheiro, cigarros, bebidas etc.

Cientes desses motivos psicológicos, vejamos como é a visibilidade da violência na escola na figura a seguir.

Figura 3.2 – Visibilidade da violência na escola

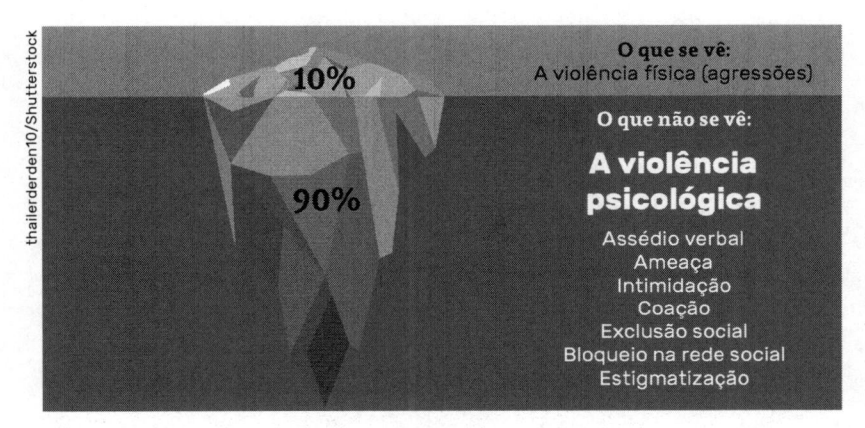

```
                    10%        O que se vê:
                               A violência física (agressões)

                               O que não se vê:
                    90%        A violência
                               psicológica
                               Assédio verbal
                               Ameaça
                               Intimidação
                               Coação
                               Exclusão social
                               Bloqueio na rede social
                               Estigmatização
```

Fonte: Elaborado com base em Piñuel; Oñate, 2006.

A Figura 3.2 foi inspirada no *Informe Cisneros X: Acoso y Violencia Escolar en España* (Piñuel; Oñate, 2006). Esse *iceberg* mostra somente 10% relacionado à violência física, uma pequena ponta que vem à superfície; os outros 90% submersos correspondem à violência psicológica, que não é visível, pois está abaixo da linha da superfície, razão pela qual há facilidade em desconsiderar e banalizar esse tipo de violência entre pares e dificuldade em detectá-lo.

> *A conceituação dos comportamentos de violência psicológica como violência **verdadeira** incomoda muitos, pois aumenta a dificuldade no diagnóstico. Em comparação com a violência física e as agressões, que deixam vestígios externos nas crianças, a violência psicológica passa muito mais despercebida, embora machuque de forma mais intensa e por um longo período de tempo as suas vítimas.* (Piñuel; Oñate, 2006, p. 46, tradução nossa, grifo do original)[16]

> É difícil para os professores intervirem naquilo que não veem!

---

[16] No original: "La conceptualización de las conductas de violencia psicológica como *verdadera* violencia incomoda a muchos, por incrementar la dificultad en el diagnóstico. Frente a la violencia física y las agresiones, que dejan huellas externas en los niños, la violencia psicológica pasa mucho más desapercibida, a pesar de que hiere más intensa y prolongadamente a sus víctimas".

As violências invisíveis ao olhar do professor expõem o aluno vítima à ameaça de sua integridade física e psicológica, produzindo quadros de estresse pós-traumático, uma "ferida invisível", após os danos infligidos (Piñuel, 2013).

A violência psicológica é produzida por meio de ações que levam a situações de agressões físicas, assédio verbal, ameaça, intimidação, coação, exclusão social, bloqueio na rede social e estigmatização, fatores que causam diminuição da autoestima e depressão. "É o efeito cumulativo desses comportamentos repetitivos que gera, ao longo do tempo, os danos psicológicos que se observam nos casos de maior duração"[17] (Piñuel; Oñate, 2006, p. 48, tradução nossa).

As vítimas apresentam ansiedade e insegurança. Conforme Olweus (2006, p. 51, tradução nossa), "é evidente que o assédio repetido pelos seus pares deve ter aumentado consideravelmente a ansiedade, a insegurança e, em geral, a avaliação negativa que as vítimas faziam de si mesmas"[18]. Para o psiquiatra Dr. Luciano Rassier Isolan (2012), os transtornos de ansiedade estão entre os transtornos psiquiátricos mais prevalentes na infância e na adolescência.

> Tais transtornos caracterizam-se por sintomas como: nervosismo, medos e preocupações excessivas, recusa de ir à escola, recusa em separar-se dos pais, timidez excessiva e sintomas somáticos como dor de cabeça, dor de barriga e dificuldades de respirar. Crianças e adolescentes com ansiedade estão mais propensos que as não ansiosas a terem problemas de depressão, alterações de conduta, abuso de drogas e risco de suicídio. (Isolan, 2012, p. 146)

Todos os alunos, sem exceção, envolvidos em comportamentos agressivos como atores do bullying – tais como autores/agressores, alvos/vítimas e espectadores/testemunhas – são afetados com a violência e podem experimentar sentimentos de ansiedade e medo. O mais agravante são as consequências que a vítima sofre ao longo das intimidações, o

---

[17] No original: "Es el efecto de acumulación de esas conductas repetitivas el que genera, al cabo del tiempo, el daño psicológico que se constata en los casos de mayor duración".

[18] No original: "es evidente que el hostigamiento repetido por parte de los compañeros debió incrementar considerablemente la ansiedad, la inseguridad y en general la valoración negativa que las víctimas hacían de sí mesmas".

Transtorno de Estresse Pós-Traumático (TEPT), sobre o qual discorreremos na próxima seção.

3.4 Consequências na vítima: Transtorno de Estresse Pós-Traumático

O TEPT foi classificado pela Associação Americana de Psiquiatria como DSM-IV-TR no Manual Diagnóstico Estatístico para os Transtornos Mentais de 2002 (Albuquerque; Williams; D'Affonseca, 2013). O diagnóstico do TEPT é realizado com base nos seguintes critérios:

> A) Exposição a um evento traumático caracterizado por morte ou grave ferimento ou ameaça à integridade física própria ou de outros, e a resposta da pessoa envolveu medo intenso, impotência ou horror; B) O evento traumático é persistentemente revivido em uma ou mais das seguintes maneiras: recordações e sonhos aflitivos, recorrentes e intrusivos sobre o evento, flashbacks[19], sofrimento psicológico e reatividade fisiológica na exposição a indícios externos que lembram o evento traumático; C) Esquiva persistente de estímulos associados ao trauma e entorpecimento da reatividade geral, com base em pelo menos três dos seguintes quesitos: esforços para evitar pensamentos ou conversas associados ao trauma; evitação de atividades, locais e pessoas que ativem a recordação do trauma; incapacidade de recordar algum aspecto importante do evento; redução acentuada de interesse ou da participação em atividades significativas; sensação de distanciamento em relação a outros; afeto restrito e sentimento de um futuro abreviado; D) Sintomas persistentes de excitabilidade aumentada indicada por dois ou mais quesitos: dificuldades com o sono; irritabilidade ou surtos de raiva; dificuldade em concentrar-se; hipervigilância e resposta de sobressalto exagerada. (Associação Americana de Psiquiatria, 2002).
> (Albuquerque; Williams; D'Affonseca, 2013, p. 93)

Para o melhor entendimento das graves consequências do bullying nos estudantes, Piñuel e Oñate (2006) identificam e corroboram os

---

19 *Flashbacks*: "A vítima registra em sua memória a intimidação que sofreu e a revive repetidas vezes através de pensamentos, imagens e emoções que lhe chegam. Os *flashbacks* aparecem no sono, em forma de pesadelos, nos quais se manifesta tudo o que foi reprimido no inconsciente como doloroso." (Piñuel, 2013, p. 293, tradução nossa).

sintomas "mais aparentes" nos alunos vítimas quando expostos à sistematização intensa da intimidação por seus agressores.

> *O trauma e a resposta da criança na forma de Estresse Pós-Traumático têm o potencial de interferir no desenvolvimento normal e influenciar a adaptação, o desenvolvimento cognitivo, a atenção, as habilidades sociais, o estilo de personalidade, o autoconceito, a autoestima e o controle comportamental. Nos pré-escolares vitimados, o TEPT apresenta-se na forma de medos generalizados, regressão dos hábitos de higiene e controle esfincteriano já adquiridos, dificuldades de concentração e perda de atenção, e agressividade. Nas crianças do ensino fundamental predominam os pensamentos invasivos, as experiências de flashback, os distúrbios do sono e uma série de medos relacionados à experiência traumática. Nas crianças do ensino secundário, os sintomas do TEPT incluem distúrbios alimentares, modificação do autoconceito, comportamentos autolesivos, mudanças permanentes na personalidade, desamparo, delinquência, abuso de substâncias e sentimentos de culpa. (Piñuel; Oñate, 2006, p. 179, tradução nossa)[20]*

Borges, Cerqueira e Bedim (2019) apontam que as crianças em situações de bullying se tornam mais suscetíveis a desenvolverem TEPT, sendo este um dos danos mais graves à saúde mental da vítima de agressão psicológica, resultante do bullying sofrido em longo prazo. É necessário, no entanto, mais pesquisas sobre esse assunto, pelo fato de haver poucos estudos teóricos do TEPT por intimidação sistemática entre escolares no Brasil.

Concordando com Borges, Cerqueira e Bedim (2019) acerca da necessidade de mais pesquisas, Piñuel e Oñate (2006, p. 178, tradução nossa) afirmam: "A necessidade de avaliar os danos emocionais permanentes

---

[20] No original: "El trauma y la respuesta del niño o niña en forma de Estrés Postraumático tienen el potencial de interferir en el desarrollo normal e influyen en la adaptación, el desarrollo cognitivo, la atención, las habilidades sociales, el estilo de personalidad, el autoconcepto, la autoestima y el control conductual.en los preescolares victimizados, el TEPT se presenta en forma de miedos generalizados, regresión de hábitos higiénicos y de control de esfínteres ya adquiridos, dificultades de concentración y pérdida de atención, y agresividad. En los niños de Primaria predominan los pensamientos invasivos, las vivencias de flashback, los trastornos del sueño y una gama de miedos relacionados con la experiencia traumática. En los niños de Secundaria los síntomas del TEPT incluyen trastornos de la alimentación, modificación del autoconcepto, comportamientos autolíticos, cambios permanentes en la personalidad, indefensión, delincuencia, abuso de sustancias y sentimientos de culpa".

que os indivíduos vitimados por processos de abuso verbal, assédio psicológico, exclusão ou marginalização social por parte de grupos de pares costumam apresentar é cada vez mais importante"[21].

Após algum tempo de sofrimento, uma série de sintomas ligados ao TEPT pode aparecer. A vítima tem a sensação de estar nas mãos do agressor e de estar em perigo iminente, do qual não há como fugir. Além disso, desenvolve inquietude, nervosismo e um tipo penetrante de ansiedade, em que há uma sensação permanente de que algo terrível vai ocorrer de maneira inesperada.

O bullying é difícil de ser detectado também na área da saúde. "Por desconhecimento dessa condição, já apontamos que muitas crianças vítimas de bullying que apresentam TEPT são diagnosticadas incorretamente como introvertidas, ansiosas, deprimidas, hiperativas, fóbicas escolares, fóbicas sociais, deficientes em habilidades sociais etc." (Piñuel; Oñate, 2006, p. 181, tradução nossa)[22].

Essa é uma breve definição do quadro característico das vítimas que sofrem constantes e graves ataques à integridade física ou psíquica. O TEPT é, portanto, um tipo de trauma complexo.

Na próxima seção, veremos sobre como o professor pode identificar quando e de que forma o bullying ocorre em sua sala de aula.

3.5 Como identificar o bullying na sala de aula

O olhar atento de um professor evita a dor de uma criança.

Para identificar o bullying na sala de aula, o professor deve observar quando o aluno possível agressor de bullying se manifesta nesse ambiente. Geralmente, o agressor aparece fazendo uma "brincadeira", escolhendo

---

[21] No original: "Cada vez cobra más importancia la necesidad de evaluar el daño emocional permanente que suelen presentar los indivíduos victimizados por procesos de maltrato verbal, acoso psicológico, exclusión, o marginación social por parte de grupos de iguales".

[22] No original: "Debido al desconocimiento de este cuadro, ya hemos señalado cómo muchos niños víctimas de acoso escolar y que presentan cuadros de TEPT son incorrectamente diagnosticados como introvertidos, ansiosos, depresivos, hiperactivos, fóbicos escolares, fóbicos sociales, deficitarios en habilidades sociales, etc.".

um alvo e colocando um apelido de que este não gosta, enquanto os outros colegas, a plateia, acompanham e reforçam a "brincadeira de mau gosto". Quando isso ocorre mais que três vezes na semana ou por mais tempo, já é o bullying acontecendo.

Ao analisar o aluno que se manifesta como líder da "brincadeira" – confiante em si, seguro, popular, brincalhão –, o professor pode ter indícios de que há um autor/agressor de bullying na sala de aula. Lembramos, porém, que ele não faz o "serviço", ele coopta dois ou três ajudantes para praticar as maldades.

Quanto à vítima do bullying, há sinais que fornecem uma possível identificação do aluno-alvo em sala de aula. É possível observar que, nas relações interpessoais e nos trabalhos em grupo, esse aluno é "encaixado" pelo professor na turma e também é facilmente reconhecido na aula de Educação Física por não estar engajado nas atividades.

O professor deve notar que, quando a "zoação" é sempre contra o mesmo aluno e este sempre se apresenta isolado dos demais, a probabilidade de ser bullying é muito maior.

Uma vítima de bullying é motivo de zombaria, sendo constantemente ridicularizada, humilhada e desprezada pelos seus colegas, pois alguns destes, quando a veem, riem, balançam a cabeça, fazem caretas, gesticulam, lançam insultos e a isolam com desprezo. O afastamento induzido pelas pessoas de seu meio social é um dos mais terríveis sentimentos das dores da exclusão social.

O intimidador se aproxima da vítima repetidas vezes e envolve as pessoas do ambiente ao seu redor, fazendo com que seu alvo tenha sentimentos angustiantes e aterradores. A tática é sempre envolver suas vítimas cada vez mais à medida que estas vão cedendo às suas vontades.

No capítulo seguinte, apresentaremos algumas considerações importantes para a implantação e a sistematização do programa Círculo de Diálogo Respeitoso (CDR) com os alunos em sala de aula.

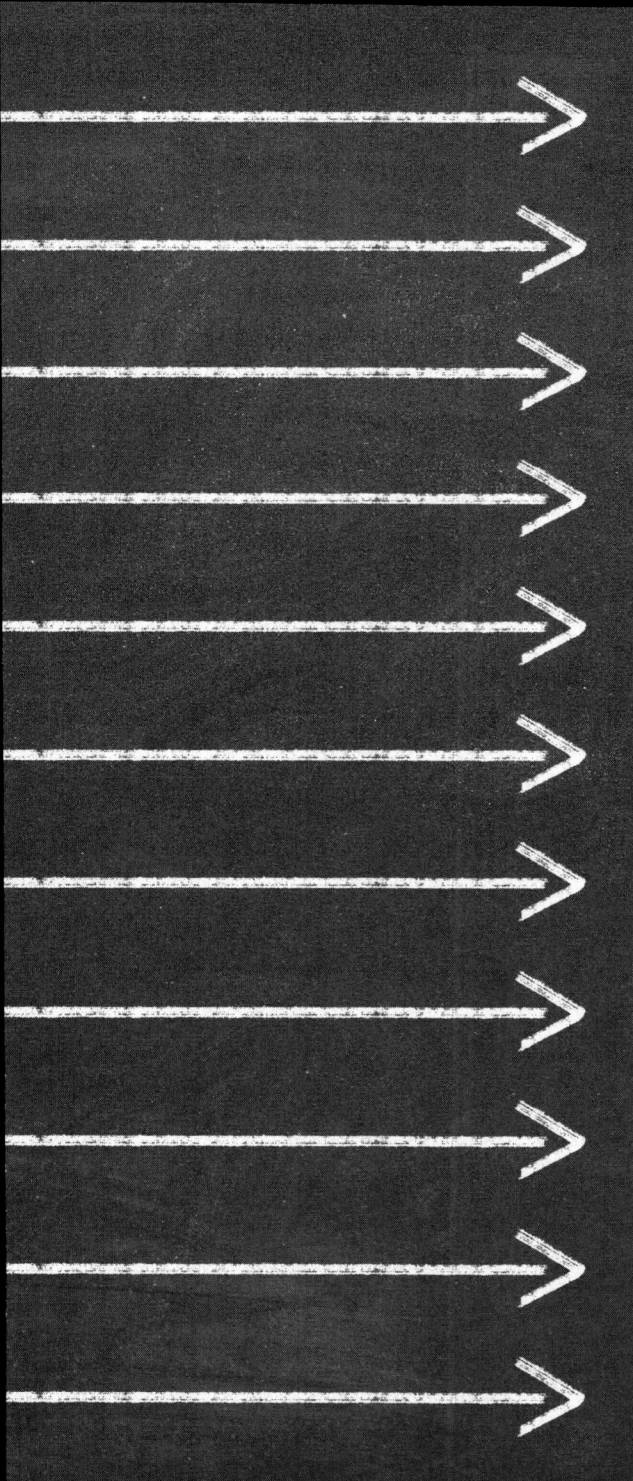

capítulo quatro

Considerações para a implantação do Círculo de Diálogo Respeitoso

4

A proteção da criança em sala de aula depende do professor.

O aluno, quando vem à escola, carrega diferentes conhecimentos e formas de se relacionar, oriundos de sua cultura familiar, ou seja, da educação que recebeu dos pais. A família é, assim, o primeiro lugar de aprendizagem e socialização da criança; a escola ocupa o segundo lugar nesse sentido.

Desse modo, é grande a responsabilidade do professor em integrar essa criança nesse novo ambiente social. Conforme Vicentin (2009, p. 35), "o espaço mais propício para que a criança e o adolescente aprendam a resolver conflitos de forma a construir valores morais e éticos, é na escola".

Carolina Lisboa, Luiza de Lima Braga e Guilherme Ebert (2009), especialistas em agressividade entre pares, sugerem, para as intervenções nos casos de bullying, que a escola ensine os alunos a lidar com suas emoções e suas dificuldades, a respeitar as diferenças, a aprender a conviver, a socializar, a dividir, a compartilhar, a canalizar sua agressividade. O Círculo de Diálogo Respeitoso (CDR) propõe esse relacionamento saudável.

É imperativo registrar a recomendação de Luciene Regina Paulino Tognetta – doutora em Psicologia Escolar pela Universidade de São Paulo (USP), coordenadora do Grupo de Estudos e Pesquisas em Educação Moral (Gepem) da Universidade Estadual de Campinas (Unicamp) e da Universidade Estadual Paulista "Júlio de Mesquita Filho" (Unesp) – e de Pedro Rosário – professor doutor da Escola de Psicologia e coordenador do Grupo Universitário de Investigações em Autorregulação da Universidade do Minho (UMinho), em Portugal –, que corroboram nossa perspectiva sobre a necessidade da criação de espaços em sala de aula para aplicação do CDR, ou seja,

> *criar espaços para que meninos e meninas possam falar de seus problemas, possam pensar nas próprias soluções de seus problemas, possam aprender a reparar seus erros com quem de direito e não com punições enfadonhas que permitem ao sujeito estar livre somente depois de cumprido seu castigo, para novamente cometer outro delito. (Tognetta; Rosário, 2013, p. 132)*

Lisboa et al. (citados por Lisboa; Braga; Ebert, 2009, p. 68) mencionam que "é preciso que os professores cedam lugar, em suas aulas, à expressão do afeto, à educação dos sentimentos e à valorização das relações de amizade".

Frick, Menin e Tognetta (2013, p. 96-97, tradução nossa), em estudo sobre as relações entre os conflitos interpessoais e o bullying entre escolares, fazem referência a Avilés Martinéz (2006) ao citar as seguintes variáveis que operam como fatores de risco ou de proteção:

> *Por um lado, às características pessoais dos diferentes sujeitos envolvidos (características pessoais – físicas, psicológicas e comportamentais –, familiares, contextuais, sociais); à qualidade das dinâmicas que se estabelecem nas diferentes áreas*

de socialização (família, grupo de pares, escola, sociedade), bem como a fatores socioculturais e à instituição escolar (de organização e gestão da convivência).[1]

As variáveis apresentadas por Avilés Martínez (2006) são fatores de sondagem do professor para conhecer quem são seus alunos numa turma com vinte ou trinta pessoas de culturas familiares diferentes. Um "CDR de boas-vindas", perguntando o nome da criança e desejando boas-vindas a ela, possibilita, no primeiro dia de aula, que se conheça um pouco da história de cada aluno e sua família.

A saúde física e mental tem importância no diálogo e é fundamental na ferramenta pedagógica do CDR. Para a promoção de saúde por parte da escola, a pediatra Evelyn Eisenstein apresenta a seguinte recomendação: "Conheça seus alunos! Quanto mais você souber sobre seus alunos, mais chances você terá de adequar as atividades didáticas aos interesses e necessidades deles, bem como conseguirá relacionamentos interpessoais mais prazerosos, pois os compreenderá melhor" (Eisenstein; Williams; Stelko-Pereira, 2013, p. 100).

Em nosso treinamento de um dia do programa CDR, o professor é sensibilizado sobre as peculiaridades do bullying escolar e é capacitado para ser um professor facilitador do CDR na transformação de comportamentos intimidatórios entre os alunos. Conforme Fischer, Kopelman e Schneider (2007, p. 25, tradução nossa), "Muitos de nós podemos alcançar a mudança primeiro definindo um problema gerenciável e depois formulando um procedimento para lidar com ele"[2], e foi isso que ocorreu na criação do CDR.

Após a capacitação e a práxis do CDR em sua escola no ano de 2018, a diretora escolar Jane Moreira (citada por Felizardo, 2021, p. 68) mencionou o seguinte: "pretendo incluir esta prática nas ações do planejamento estratégico anual, e no PPP, para que a prática continue nas gestões futuras.

---

[1] No original: "Por una parte, a las características personales de los diferentes sujetos que intervienen (características personales – físicas, psicológicas y conductuales –, familiares, de contexto, sociales); a la calidad de las dinámicas que se establecen en los distintos ámbitos de socialización (familia, grupo de iguales, centro escolar, sociedad), así como a factores socio-culturales y de la institución escolar (de organización y gestión de la convivencia)".

[2] No original: "Muchos de nosotros podemos lograr cambios definiendo primero un problema manejable y luego formulando un procedimiento para abordarlo".

Por ser uma prática exitosa, é importante deixar registrada e atrelada a um documento da escola".

É necessário proceder à sistematização das ações e à inclusão do programa CDR no projeto político-pedagógico (PPP) da instituição, como mencionam Frick et al. (2019), a fim de que o tema bullying seja inserido no currículo escolar e que o plano antibullying faça parte do PPP da escola.

Com a conscientização da comunidade escolar sobre o bullying e o cyberbullying, a inserção do programa CDR no PPP, a adoção sistemática do CDR, os registros das ações efetuadas e em andamento logo após o primeiro CDR, será possível perceber a qualidade do bem-estar emocional e da convivência social entre os estudantes.

Na figura a seguir, é possível perceber que o bullying e o CDR atuam no mesmo ambiente e espaço escolar de convivência dos alunos.

Figura 4.1 – A ocorrência do bullying e da prevenção (CDR) na mesma sala de aula

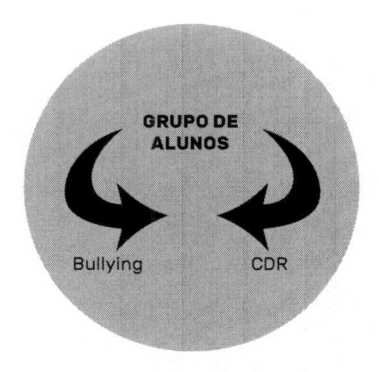

Na Figura 4.1, representamos em um círculo um grupo de alunos, no qual o bullying e a prevenção com o CDR ocorrem concomitantemente. Esse tipo de agressividade entre os pares requer soluções dentro do próprio grupo de alunos. Nasce em um grupo e resolve-se dentro do próprio grupo. É do grupo para o grupo. Isto é o que o CDR faz:

1. Reduz os problemas existentes de bullying.
2. Impede o desenvolvimento de novos casos de bullying.
3. Melhora as relações entre os colegas e com os professores.

Para a efetividade das Regras da Sala de Aula sobre Agressão e Ameaças, relacionadas a agressões e ameaças de intimidação sistemática, sugerimos combinar e deixar bem claro aos alunos o conteúdo desses combinados para criar um melhor clima social na sala de aula.

Olweus (2006) sugere como ponto de partida dessas regras: primeiro, não intimidar os outros alunos; segundo, tentar ajudar a vítima da agressão; e terceiro, esforçar-se para integrar os alunos que tendem a se isolar facilmente. Esse acordo entre o professor e seus alunos pouco a pouco fará com que estes compreendam como devem se comportar e agir conforme as Regras de Sala de Aula sobre Agressão e Ameaças, ou seja, os combinados elaborados em conjunto.

Segundo as práticas em sala de aula efetuadas pelos professores que capacitamos, o CDR pode ser aplicado no ensino infantil a partir da pré-escola I (4 a 5 anos de idade) e da pré-escola II (5 a 6 anos de idade) até os anos iniciais do ensino fundamental, do 1º ao 5º ano (6 a 10 anos de idade). Nessas faixas etárias, os estudantes são orientados para os relacionamentos interpessoais positivos, com respeito e empatia, o que os prepara para o diálogo e a convivência saudável nas próximas séries, nos anos finais do ensino fundamental.

O CDR está em consonância com os ditames da Lei n. 13.185, de 6 de novembro de 2015, que instituiu o Programa de Combate à Intimidação Sistemática (bullying), disposto no art. 4º:

> Art. 4º Constituem objetivos do Programa referido no caput do art. 1º:
> I – prevenir e combater a prática da intimidação sistemática (bullying) em toda a sociedade;
> II – capacitar docentes e equipes pedagógicas para a implementação das ações de discussão, prevenção, orientação e solução do problema; [...]. (Brasil, 2015)

O mesmo ocorre com as especificações da Lei n. 13.663, de 14 de maio de 2018, que aponta a necessidade de incluir a promoção de medidas de conscientização, de prevenção e de combate a todos os tipos de violência e a promoção da cultura de paz. Isso determinou a inclusão dos incisos IX e X no art. 12 da Lei n. 9.394, de 20 de dezembro de 1996, a qual estabeleceu as Diretrizes e Bases da Educação Nacional:

IX – *promover medidas de conscientização, de prevenção e de combate a todos os tipos de violência, especialmente a intimidação sistemática (bullying), no âmbito das escolas;*

X – *estabelecer ações destinadas a promover a cultura de paz nas escolas. (Brasil, 2018)*

A Lei n. 13.185/2015 e a Lei n. 13.663/2018 direcionam os pesquisadores na formulação de instrumentos e programas pedagógicos, contribuindo para a fixação de parâmetros para o corpo diretivo das instituições escolares no combate ao bullying. As leis também são importantes para nortear o Poder Judiciário nas decisões processuais ocasionados pela intimidação sistemática (bullying).

Na próxima seção, trataremos de exemplificar a aplicação da ferramenta pedagógica CDR em sala de aula.

4.1 Círculo de Diálogo Respeitoso: a ferramenta pedagógica

O objetivo do CDR é capacitar professores para a compreensão das características do bullying e do cyberbullying e seus atores, possibilitando-lhes uma formação adequada para se sensibilizar, diagnosticar, prevenir e intervir nesses casos. Isso permite que autores/agressores, alvos/vítimas e espectadores/testemunhas construam um diálogo empático de enfrentamento à intimidação sistemática entre pares, a fim de minimizar os problemas de comportamentos agressivos que surgem em sala de aula.

As capacitações dos professores e o passo a passo deste manual são ferramentas pedagógicas exitosas de intervenção psicossocial, mediante as quais os próprios alunos, com a ajuda do professor facilitador em sala de aula, desenvolvem, por meio do diálogo, a empatia, transformando as relações interpessoais em comportamentos pró-sociais significativos, dentro e fora da escola.

O CDR promove esse comportamento pró-social nas escolas com o uso das técnicas de Observação, Sentimentos/Emoções, Necessidades e Pedido da Comunicação Não Violenta (CNV), a fim de intervir nas situações identificadas, minimizar o bullying, o cyberbullying e os conflitos e alcançar excelentes relações interpessoais entre professor-aluno e aluno-aluno em sala de aula.

As técnicas da CNV compreendem quatro componentes (Cappellari, 2012):

1. **Observação**: Ao comunicarmos uma observação para outra pessoa, usamos com frequência as seguintes palavras: *ouvir, escutar, notar, lembrar* e *perceber*. Estes são verbos de ação, palavras que têm o objetivo de descrever claramente o que a outra pessoa está fazendo, o que evita misturar os julgamentos com as observações.
2. **Sentimentos/Emoções**: Por meio dos sentimentos e das emoções, identificamos e expressamos como nos sentimos em relação ao que observamos: magoados, assustados, alegres, divertidos, irritados etc.
3. **Necessidades**: O que faz originar os sentimentos e as emoções em nosso corpo são as necessidades. Quando satisfeitas, experimentamos sentimentos e emoções prazerosos. Quando não estão sendo satisfeitas, experimentamos sentimentos e emoções desagradáveis.
4. **Pedido**: Quando fazemos pedidos, queremos que as pessoas atendam às nossas solicitações porque sentem vontade de contribuir, porque se importam com o nosso bem-estar e com a própria satisfação.

Temos consciência desses componentes, porém, quando usamos a CNV para expressar, clara e honestamente, como estamos, parece-nos difícil exprimir com palavras o componente Sentimentos/Emoções.

Assim, ao reforçar os vínculos afetivos e estabelecer uma relação de confiança entre alunos e professor, essa extraordinária ferramenta, o CDR, permite aos próprios alunos fazer a prevenção e a intervenção, promovendo um ambiente favorável para a convivência escolar.

Parte desse embasamento teórico-científico está disponível na obra *Bullying escolar: prevenção, intervenção e resolução com princípios da justiça restaurativa* (Felizardo, 2017, p. 120-162) e parte consta na obra *Cyberbullying e o Círculo de Diálogo Respeitoso: a incrível ferramenta em que os alunos realizam a prevenção* (Felizardo, 2021, p. 62-82).

4.2 Objeto da Palavra: girafa – recurso pedagógico

A Comunicação Não Violenta, conhecida pela sigla CNV, de autoria do psicólogo Marshall Rosenberg (2006), utiliza os animais girafa, lobo e ovelha como figuras de linguagem, visando tornar mais lúdicos e compreensíveis seus ensinamentos.

Figura 4.2 – Objeto da Palavra: girafa – recurso pedagógico

Kazachek Dmitry/Shutterstock

Jéferson Cappellari (2019, p. 11), discípulo de Rosenberg, em sua obra *O despertar do coração girafa*, "usa a girafa como um recurso que ajuda no processo de aprendizado, por ser o animal terrestre que tem o maior coração biológico, 43 vezes maior que o [do] ser humano".

O Objeto da Palavra é um objeto que "vai passando de mão em mão para que todos tenham a oportunidade de falar, um de cada vez, na ordem em que estão sentados" (Zehr, 2012, p. 62). Esse elemento é fundamental, uma vez que "a importância de falar e ouvir com respeito é regulada e dá segurança ao aluno, já que tem a sua vez garantida, ele está sendo convidado, não está pedindo para falar, tem a sua vez de se expor e falar, mesmo que sejam os tímidos para dizer poucas palavras" (Felizardo, 2017, p. 120-121).

No CDR, usamos a girafa de pelúcia (ou de outro material) como recurso pedagógico, ou Objeto da Palavra, uma metáfora que relaciona o amor ao tamanho do coração da girafa e facilita, de forma lúdica e interativa, o processo de compreender a expressão da vida emocional das crianças.

4.3 Escuta ativa

A escuta ativa é uma técnica de comunicação que utiliza condutas não verbais, como contato visual, gestos e tons de voz. Nessa técnica, solicita-se que a pessoa repita alguma fala, demonstrando, assim, que está prestando atenção. Trata-se de entender os sentimentos, os pensamentos e as ações do outro.

Os teóricos diretores do Projeto de Negociação de Harvard, Roger Fisher, William Ury e Bruce Patton (2005, p. 52), explicam a prática da teoria da escuta ativa:

> A necessidade de escutar é óbvia, mas, apesar disso, é difícil escutar bem, especialmente sob a tensão de uma negociação em curso. Escutar permite que você compreenda as percepções do outro, sinta suas emoções e ouça o que ele está tentando dizer. Uma escuta ativa aprimora não só o que você ouve, mas também o que ele diz. [...]
>
> As técnicas padronizadas da boa escuta consistem em prestar estreita atenção ao que é dito, pedir à outra parte que explicite com cuidado e clareza exatamente o que pretende dizer, e pedir que as ideias sejam repetidas quando houver qualquer ambiguidade ou incerteza. Ao escutar, faça com que sua tarefa seja não a de formular mentalmente uma resposta, mas sim a de compreender o outro tal como ele se vê. Leve em contas as percepções, necessidades e limitações dele.

Este é o elemento da escuta ativa: interessar-se pela fala do outro. Nesse momento, todos esperam a vez de ouvir seu colega.

4.4 Empatia

A empatia é o sentimento de colocar-se no lugar da outra pessoa, tentar compreender os comportamentos e os sentimentos dos outros, imaginar e sentir a dificuldade pela qual a outra pessoa está passando.

Uma das características atribuídas ao agressor de bullying é a pouca empatia com o outro ou mesmo a falta desta. No dizer de Olweus (2006, p. 53, tradução nossa), os agressores "costumam caracterizar-se pela impulsividade e uma necessidade imperiosa de dominar os outros. Têm pouca empatia com as vítimas das agressões"[3].

A pouca empatia também foi encontrada nas análises de Limber et al. (2018), segundo os quais os alunos com tendências de bullying normalmente pontuam baixo nas variáveis de empatia. Esse é um importante dado científico para trabalhamos com a empatia no CDR, a fim de intervir no sentido de diminuir a vontade do agressor de participar do bullying.

Com a prática do CDR, os alunos passam a se colocar no lugar do outro. De acordo com Costello, Wachtel e Wachtel (2011, p. 27), "As perspectivas, os fatos e as histórias compartilhadas no círculo cultivam empatia e influenciam o comportamento". Dessa maneira, é possível que os alunos passem a se respeitar. Martorell et al. (2009) também evidenciam a importância da empatia como elemento favorecedor da convivência escolar.

Boni, Farhat e Moreno (2022) consideram que as ações do corpo docente facilitam o exercício da empatia pelas crianças nas escolas.

> *A empatia pode ser um caminho para transformar vidas e promover mudanças sociais. Assim, consideramos a escola um ambiente importante para o seu desenvolvimento, que pode ser promotora de oportunidades para que os alunos e alunas possam refletir sobre seus próprios sentimentos e sobre os problemas dos pares, exercitando, dessa forma, o deslocamento de ponto de vista, ajudando-os (as) a descentrar-se, sentindo e demonstrando a empatia por outras pessoas. (Boni; Farhat; Moreno, 2022, p. 12)*

Comenta Felizardo (2017, p. 205) que a "escuta empática é um dos elementos-chave dos círculos, pois, com ela, é possível acolher os sentimentos e as necessidades de todos" para alcançar uma convivência saudável.

---

[3] No original: "Además, suelen caracterizarse por la impulsividad y una necesidad imperiosa de dominar a los otros. Tienen poca empatía con las víctimas de las agresiones".

4.5 *Rapport*

No estabelecimento da relação de confiança dos alunos com seu professor ocorre o *rapport* do teórico da mediação e negociação, técnica fundamentada por um dos mais renomados autores de programas de treinamento em mediação e negociação, Christopher W. Moore. O trabalho principal desse pesquisador está na área de resolução de disputas. Vejamos:

> O termo Rapport *faz menção à capacidade para comunicar-se livremente, ao nível de conforto das partes, ao grau de precisão na comunicação e à qualidade do contato humano.*
>
> *O* Rapport *sem dúvida está definido pelo estilo pessoal, ou modo de falar, do professor, bem como por seus interesses comuns e pelo grau de comunicação entre ele e os alunos. Os professores com frequência falam da necessidade de criar certo vínculo entre os alunos. Isso pode ser obtido por meio da conversa a respeito dos valores comuns; da reafirmação com sinceridade de um atributo ou uma atividade dos alunos; ou da demonstração da sinceridade do professor através do comportamento. Na realidade, não usa uma máscara. Não intenciona praticar nenhum exibicionismo nem se dar ares de importante. (Moore, 2008, p. 102, tradução nossa)*[4]

Com base em Moore (2008), podemos afirmar que o *rapport* cria um vínculo de confiança entre educadores e alunos. Nesse caso, convém destacar que o aluno confia no professor quando se encontra em um ambiente harmonioso para a aprendizagem e está envolvido por respeito e segurança nas relações interpessoais, alcançadas com as práticas do CDR.

A fim de corroborar toda essa contextualização teórica e prática dessa ferramenta pedagógica, recorremos à fala do doutor em Psicologia da Educação José Maria Avilés Martínez, da Espanha, reconhecido pelas pesquisas sobre bullying escolar:

---

[4] No original: "El término Rapport se refiere a la capacidad de comunicarse libremente, el nivel de comodidad de las partes, el grado de precisión en la comunicación y la calidad del contacto humano.
La relación se define sin duda por el estilo personal o forma de hablar del profesor, así como por sus intereses comunes y el grado de comunicación entre él y los alumnos. Los profesores suelen hablar de la necesidad de crear un cierto vínculo entre los alumnos. Esto se puede lograr hablando de valores compartidos; reafirmar sinceramente un atributo o actividad de los estudiantes; o demostrar la sinceridad del maestro a través del comportamiento. De hecho, no lleva máscara. No pretende practicar ningún exhibicionismo ni darse un aire de importancia".

os verdadeiros protagonistas para procurar uma saída ao bullying, cyberbullying *e conflitos são os próprios alunos, porque eles são também os principais receptores de suas consequências. Os alunos devem formar parte da solução ao maltrato e devem pilotar sua resolução. [...] O protagonismo dos alunos, portanto, se faz necessário para encontrar saídas efetivas às situações que eles mesmos vivem e padecem cotidianamente.* (Avilés Martínez, 2013, p. 52-53)

Os alunos fazem a prevenção com a técnica da facilitação aplicada com a presença do professor em sala de aula. Assim, você, professor, juntamente com seus alunos, pode utilizar o CDR para a intervenção adequada, a prevenção e a transformação não só nas ações negativas do bullying e do cyberbullying, mas também em outros incidentes do cotidiano escolar.

O CDR, ao abordar sentimentos e necessidades de forma responsável, auxilia o aluno que precisa de orientação pessoal e que deseja conversar ou pedir ajuda, inclusive em casos de violência doméstica.

Essa ferramenta pode ser usada a qualquer momento, de maneira preventiva, para detectar o bullying entre os alunos ou quando ocorrerem outros tipos de problema, como conflitos, tensões, questões difíceis, notícia perturbadora na sociedade e ameaça, briga no recreio ou nos grupos de trabalho, provocação, pequeno furto etc.

Para que um CDR ocorra, é necessário e essencial haver uma pergunta, que será a temática a ser discutida pelos alunos. Registre as perguntas que foram efetuadas e descreva sua atuação com os alunos de forma resumida no Relatório do CDR, modelo disponível no Capítulo 5.

Em sua prática com o CDR, mencione o que aconteceu de positivo ou negativo em sua aula. Por exemplo:

1. mudança no comportamento do aluno – se respeita o professor e o colega;
2. melhora na disciplina da sala de aula;
3. diminuição da violência verbal entre os alunos;
4. encaminhamento do aluno à Coordenação para posterior encaminhamento à assistência social na área de saúde física ou mental, abuso sexual intrafamiliar, violência doméstica, fome, desnutrição,

negligência dos cuidadores, luto, depressão, automutilação ou tentativa de suicídio;
5. dificuldades encontradas para fazer o CDR – resistência dos alunos à adesão ao programa;
6. situações relevantes que trouxeram benefícios para a relação entre professor e aluno.
7. resumo dos casos (conte a história) e da forma como foram resolvidos.

No próximo capítulo, descreveremos passo a passo os 12 elementos sequenciais que sustentam a prática do CDR em sala de aula. Para auxiliar, sugerimos a leitura do livro *Cyberbullying e o Círculo de Diálogo Respeitoso: a incrível ferramenta em que os alunos realizam a prevenção*, que apresenta vários depoimentos de professores e gestores que aprovaram a ferramenta e obtiveram resultados favoráveis em relação aos comportamentos de seus alunos.

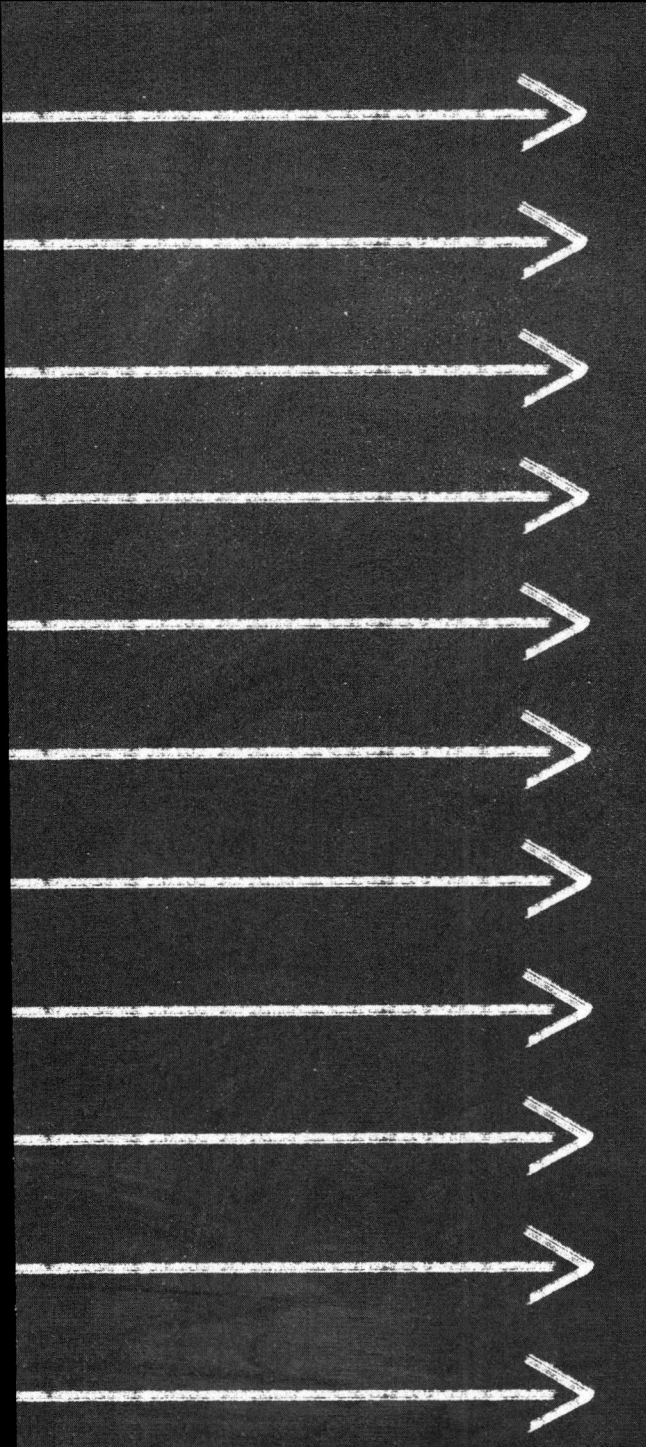

capítulo cinco
Os 12 elementos do Círculo de Diálogo Respeitoso

5

Para nortear a utilização do Círculo de Diálogo Respeitoso (CDR) pela primeira vez, por parte do professor facilitador em sala de aula, enumeramos a seguir os 12 elementos sequenciais que sustentam essa prática, com explicações procedimentais.

1. **Círculo**: Sala de aula – dispor as cadeiras em círculo.
2. **Explicação**: O que é o CDR? Vamos conversar usando esta girafa.
3. **Duração**: Durante 10 a 15 minutos, duas vezes por semana.
4. **Objeto da Palavra**: Girafa de pelúcia – analogia com o grande coração desse animal, que simboliza o amor e o respeito. Nesse momento, é importante dar a vez e a voz a cada aluno.
5. **Perguntas-chave**: Gerar o diálogo. Intervir sempre com perguntas.

6. **Observação**: Perceber falas ou ações inadequadas dos alunos sem criticá-los ou fazer julgamentos.
7. **Sentimentos/Emoções**: Ouvir as respostas dos alunos às perguntas-chave e perceber mágoa, alegria, irritação, medo, vergonha etc. ao contarem suas histórias de vida.
8. **Necessidades**: Perceber, na fala dos alunos, desejos, valores e situações de risco.
9. **Pedido**: Formular pedidos explicando os motivos para atender às necessidades do outro e enriquecer o relacionamento.
10. **Escuta ativa**: Interessar-se pela fala do outro.
11. **Empatia**: Colocar-se no lugar do outro.
12. **Rapport**: Estabelecer uma relação de confiança entre o professor e o aluno.

Conforme indicado nos 12 elementos do CDR, o professor facilitador deve fazer a pergunta-chave e aguardar uma resposta breve de cada aluno, ficando atento ao componente Observação a fim de perceber uma fala ou ação inadequada, com muita atenção às respostas verbais e corporais dos alunos aos componentes de sentimentos e necessidades da Comunicação Não Violenta (CNV).

É importante demonstrar interesse pelas respostas e pelas histórias pessoais de cada aluno e permitir que os outros escutem e compreendam seu colega para chegar à escuta ativa, ao ponto em que se colocam no lugar do outro, gerando, assim, a empatia.

O surgimento de situações de bullying e outros conflitos ou o pedido de um aluno pelo CDR são situações que exigem intervenção imediata. Por isso, é sempre bom o professor carregar a girafa consigo, pois, dessa maneira, uma relação de confiança vai se efetivando entre professor e aluno e, desse modo, é estabelecido o *rapport* do teórico da mediação e negociação.

5.1 Círculo de Diálogo Respeitoso na prática

Após a fundamentação e a apresentação teórica do CDR, é chegado o momento da prática. É preciso ter em mãos a girafa, um caderno e uma caneta.

1° Círculo

É necessário dispor as cadeiras da sala de aula em círculo. O professor facilitador também deve se sentar no mesmo tipo de cadeira escolar que os alunos usam, sem mesa no centro.

2° Explicação

O professor facilitador deve explicar que o CDR é um procedimento para ouvir os alunos de forma respeitosa, apresentar o que a girafa simboliza e esclarecer que o Objeto da Palavra é um recurso que ajuda a organizar o momento de falar e o momento de ouvir de cada aluno, sendo um por vez. Educamo-nos ao respeitar a fala de um e outro por meio da observação, bem como ao buscar compreender a linguagem dos sentimentos, das emoções, das necessidades e dos pedidos.

Então, a girafa é passada de mão em mão, para que todos tenham a oportunidade de falar, um de cada vez, na ordem em que estão sentados. Só pode falar quem tem o Objeto da Palavra na mão; os outros têm o direito de ouvir e esperar sua vez de falar.

3° Duração

O tempo deve ser de, mais ou menos, dez minutos para cada CDR, com uma frequência de sete CDRs por mês, duas vezes por semana. No último dia útil do mês, deve-se finalizar a elaboração do relatório mensal e encaminhá-lo à direção da escola. Nos primeiros CDRs, pode ser que alguns alunos conversem, querendo falar ao mesmo tempo, caso em que os CDRs podem demorar de 15 a 30 minutos. No entanto, depois do segundo ou terceiro círculo, os alunos tendem a se aquietar.

Em 10 minutos, o professor consegue fazer até duas rodadas com as respostas curtas, lembrando que não se trata de discutir um tema, mas de apenas responder com algumas palavras à pergunta do professor.

4º Objeto da Palavra

O Objeto da Palavra, representado por uma girafa de pelúcia (ou de qualquer outro material), é uma metáfora do animal que tem um grande coração, o qual simboliza o amor. Ela é o único recurso indispensável para fazer o CDR, pois vai regular a fala dos alunos, uma vez que o aluno que segurar a girafa é quem poderá falar ou mesmo pular a vez e passar para o colega à sua direita, sem responder à pergunta.

A regulação da vez e da voz permite que cada um espere sua vez de falar, evitando tumulto na sala. Pode ocorrer de a turma da classe estar num clima indisciplinado e um aluno já acostumado com o CDR pedir ao professor para "chamar" a girafa.

5º Pergunta-chave

Para o primeiro CDR, deve-se iniciar com a seguinte pergunta: "Vamos dar um nome à girafa?". Esta pergunta é a chave que propulsionará o diálogo no CDR. Para isso, é importante demonstrar interesse pelas respostas e pelas histórias pessoais de cada aluno, bem como dar oportunidade para que os outros escutem seu colega com compreensão.

Para um segundo CDR, sugerimos outra pergunta: "Como foi o seu fim de semana?". Também é possível, como indicamos anteriormente, fazer um CDR de boas-vindas para o segundo CDR, depois de terem nominado o Objeto da Palavra.

Ao final deste capítulo, apresentamos uma lista de perguntas e ações que auxiliam na formulação de perguntas para o CDR.

6º Observação

Se houver uma fala ou ação inadequada durante o CDR, não devem ser feitos comentários. Deve-se apenas dar atenção ao componente Observação para entender o que está por trás dessa fala, quais os sentimentos e as necessidades desse aluno. Quem está ouvindo não julga, não dá opinião própria nem conselho! Trata-se de simplesmente ouvir.

7° Sentimentos/Emoções

Pode haver dificuldades em perceber os sentimentos gerados por emoções como raiva, medo, tristeza e felicidade, quando o aluno responde à pergunta-chave ou conta sua história. É importante deixá-lo falar enquanto se sentir à vontade. Se houver emoções fortes, como tremedeira e choro, sugerimos que o professor facilitador vá até a criança, a abrace até que ela se acalme e diga "Depois nós conversamos". É necessário transmitir confiança, segurança e empatia. Depois, deve-se proceder à a escuta ativa.

O Capítulo 6, em que são apresentadas as folhas das árvores da vida emocional, ajudará no entendimento dos vários sentimentos gerados pelas emoções.

8° Necessidades

Para atender ao componente Necessidades, geradas pelos sentimentos expostos no CDR, que podem ser confiança, afeto, aceitação, justiça etc., convém identificar outras necessidades que podem estar nas raízes das árvores da vida emocional, descritas no Capítulo 6, cujo objetivo é amparar o professor na compreensão das necessidades dos alunos.

9° Pedido

Todas as respostas à pergunta-chave geradas na observação da fala, na exposição dos sentimentos e na geração das necessidades conduzem ao pedido do aluno, podendo ser formuladas outras perguntas sobre os motivos que satisfariam o componente Pedido. O que cada um tem a pedir e a oferecer ao outro? Por exemplo: no caso de um aluno que foi apelidado por um colega durante a aula e não gosta do apelido, o professor facilitador pergunta como poderiam resolver essa questão. No CDR, o próprio aluno fará o pedido para que parem de chamá-lo pelo apelido indesejado.

10° Escuta ativa

A escuta ativa ocorre quando o aluno se interessa pela fala do outro e espera a vez de ouvir seu colega. Parece difícil, mas, com o tempo, a prática de escutar bem será alcançada. O aluno falante, que tem muita vontade de falar, se sente inquieto e não consegue esperar seu turno é treinado a ouvir o outro e, assim, torna-se aprendiz da empatia, da capacidade de se identificar totalmente com o outro por meio da escuta ativa.

11° Empatia

O CDR é um momento no qual o agressor pode ouvir como o outro se sente e a vítima pode dizer como a situação a afeta. É o ato de se colocar no lugar do outro e imaginar como seria estar no lugar dele.

12° Rapport

A prática do CDR oportuniza a construção de credibilidade entre o professor e os alunos, os quais se tornam mais seguros e confiantes. Eles se sentem envolvidos pelo respeito e pela segurança que o professor passa, o que possibilita a criação de certo vínculo entre este e os alunos. Dessa forma, os estudantes sentem que podem confiar no professor para relatar o que estão passando diariamente, evidenciando as situações de bullying, cyberbullying e agressões ocorridas em casa.

5.2 Resultados das práticas com o Círculo de Diálogo Respeitoso

O CDR tem o poder de estimular a reflexão sobre os atos cometidos e fortalecer o vínculo entre os alunos, contribuindo para a prevenção do bullying, do cyberbullying, da indisciplina e de outros conflitos, a fim de que não se perpetuem.

Mencionamos anteriormente, como sugestão, dois livros que podem complementar a compreensão da origem da história deste manual. Veja dois relatos de professores que constam nessas obras.

No livro *Bullying escolar: prevenção, intervenção e resolução com princípios da justiça restaurativa*, publicado no ano de 2017, relatamos muitos casos de bullying e cyberbullying abordados mediante práticas exitosas. São muitas experiências contadas por professores e nove relatos dos coordenadores/facilitadores que capacitaram outros professores para usarem os princípios da justiça restaurativa e a CNV nos círculos restaurativos em suas salas de aula.

Uma das professoras facilitadoras relatou a solicitação de um círculo por uma aluna do 3º ano do primeiro ciclo:

> *O fato que justificou seu pedido era a insatisfação com os apelidos pejorativos que alguns colegas estavam lhe dando. Quando ela solicitou o círculo, relatou que isso acontecia na hora do recreio e da chamada. [...] Uma aluna da turma relatou que, muitas vezes, ficava com tanta raiva dos apelidos que, além de chorar, batia nos colegas que faziam isso quando tinham oportunidade. (Felizardo, 2017, p. 208-209)*

O círculo levou os alunos ao combinado de não chamarem mais os colegas com apelidos ofensivos e de não rirem da situação para não estimular outros colegas, culminando na elaboração de um acordo que foi afixado no mural da sala de aula.

No livro *Cyberbullying e o Círculo de Diálogo Respeitoso: a incrível ferramenta em que os alunos realizam a prevenção*, publicado no ano de 2021, também há vários relatos de professores sobre a aplicação do CDR em suas turmas. Destacamos o depoimento da professora e gestora escolar Jane Moreira:

> *A prática do Círculo de Diálogo Respeitoso com o "Objeto da Palavra" continuou durante o ano letivo de 2019, com resultados surpreendentes: alunos se posicionaram contra práticas indevidas dos colegas, outros se dispuseram a ser amigos dos que tinham queixa de não conseguirem ser parte da turma, bem como outras iniciativas dos alunos para melhorar o ambiente escolar. (Felizardo, 2021, p. 67)*

Outro depoimento que comprova a finalidade do CDR foi o da coordenadora pedagógica Luzia de Oliveira:

Após o "Círculo do Diálogo Respeitoso", desenvolvido em 2019, não registramos casos de bullying ou cyberbullying. O uso do diálogo fez com que os alunos expressassem suas impressões e sentimentos sobre situações de brigas, palavrões ou xingamentos que ocorriam durante as horas livres de "recreio" e que, normalmente, não falariam. No decorrer deste ano, já tivemos professores que trabalhavam em outras unidades manifestando o interesse em desenvolver trabalhos, baseando-se no "Círculo do Diálogo Respeitoso", o que nos contenta, pois sabemos da eficácia do recurso.
(Felizardo, 2021, p. 74-75)

A leitura desses livros, além de agregar conhecimento, traz a esperança para você, professor, de que é possível, sim, ministrar aulas com alunos que respeitam o próximo, uma vez que as histórias que aparecem em ambas as obras são comprovadamente autorizadas e validadas pelos próprios professores autores de suas práticas com o CDR, com o fim de publicação pela renomada editora InterSaberes, reconhecidamente indicada e premiada por vários anos consecutivos no Prêmio Top Educação, pelo seu compromisso com a educação de qualidade.

Como vimos nas práticas exitosas e comprovadas com o CDR, os alunos conseguem se ouvir, repensar e transformar atitudes negativas em atitudes respeitosas com os colegas e com os professores. À medida que os CDRs acontecem na escola, é possível perceber transformações de comportamentos no dia a dia dos alunos, o que culmina em uma sala de aula com um clima social de paz.

5.3 Sugestões de Círculo de Diálogo Respeitoso e ações

A seguir, relacionamos algumas sugestões de perguntas e atividades pedagógicas para utilizar no CDR. Conforme a ferramenta é aplicada, novas perguntas vão surgindo, razão pela qual indicamos registrar a atividade realizada no Relatório do CDR.

Sugestões de CDR social

1. Um "CDR de boas-vindas", em que se pergunta o nome da criança e se desejam boas-vindas a ela, realizado no primeiro dia de aula, de modo que se possa conhecer um pouco da história de cada aluno e sua família.
2. Um "CDR de despedida" de algum colega ou professor que vai mudar de cidade.
3. Um "CDR de encerramento do ano letivo".
4. Um "CDR para qualquer hora" pode ser usado quando surgirem tensões ou problemas ou quando é preciso discutir algum assunto.

Sugestões de perguntas-chave de sentimentos

1. Você gosta do seu nome? (Se não gosta, perguntar o porquê.)
2. Você tem apelido? (Geralmente, aqueles que não gostam já falam.)
3. Você gosta do seu apelido? (Neste momento, é necessária muita atenção, pois os alunos podem se referir aos colegas da sala de aula.)
4. O que o deixa triste? (Alguns relatam abusos domésticos.)
5. O que o deixa alegre?
6. O que você entende por respeito?
7. Você gosta de vir à escola?

Sugestões de perguntas sobre bullying

1. Você colocou apelidos nos outros?
2. Você deu risadas do colega e apontou o dedo?
3. Você fez zoações e os colegas riram?
4. Você perseguiu um colega dentro ou fora da escola?
5. Você não deixou o colega fazer parte do grupo?
6. Você disse coisas maldosas sobre o colega?
7. Você inventou que um colega pegou suas coisas?
8. Você disse maldades sobre a família do colega?
9. Você forçou um colega a agredir outro colega?
10. Você usou a internet para intimidar um colega?

Sugestões de CDR pedagógico

No CDR pedagógico, as cadeiras são dispostas no formato de círculo, e o professor faz uma breve apresentação de uma matéria da grade curricular que será dada na aula. Na sequência, faz a pergunta para cada aluno, gerando um *brainstorming*, ou seja, uma chuva de ideias para o tema, e cada estudante, na sua vez, fala no momento em que estiver com o Objeto da Palavra. Enquanto os alunos falam sobre o tema da aula, o professor faz anotações das falas deles em seu caderno. Ao final, o professor promoverá uma aula participativa e interativa com seus alunos.

É muito proveitosa uma aula com a discussão do tema utilizando o Objeto da Palavra para organizar a opinião de cada aluno. Por exemplo: o professor de Geografia ou de História debate o tema e lança uma pergunta; geralmente, os alunos são participativos e interessados em dar sua resposta à pergunta do professor.

Sugestões de 10 atitudes diárias

Ao trabalhar com seus alunos no sentido de melhorar a convivência interpessoal, o professor pode usar um "CDR de quebra-gelo". Quando se percebe tensão na sala de aula entre os alunos, sugerimos usar uma das 10 atitudes diárias listadas a seguir. Cabe lembrar que sempre se deve iniciar com uma pergunta. As 10 atitudes listadas devem ser usadas para iniciar o diálogo e para todos os alunos terem oportunidade de dar sua opinião, quando de posse da girafa, o Objeto da Palavra. Por exemplo, na décima atitude diária, pode-se perguntar "Quem quer um abraço?". Pode-se também fazer um cartaz de cartolina em que esteja escrito "Abraço Grátis" e perguntar "Quer um abraço?", orientando que os alunos se abracem.

1. Amor.
2. Alegria.
3. Paz.
4. Paciência.
5. Gentileza.
6. Bondade.
7. Sonhos.
8. Humildade.
9. Domínio próprio.
10. Abraço.

Sugestões de perguntas sobre cyberbullying – recomendável para a faixa etária entre 9 e 10 anos de idade (Chocarro; Garaigordobil, 2019)

1. Você enviou mensagens ofensivas pela internet utilizando o celular ou outro meio?
2. Você foi ameaçado por meio de mensagens?
3. Você fez ligações anônimas para assustar e provocar medo?
4. Você fez ligações ofensivas via internet utilizando o celular ou outro meio?
5. Você escreveu no *blog* de outra pessoa comentários ameaçando contar os segredos dela?
6. Você provocou alguém e pediu para outra pessoa gravar e postar na internet?
7. Você divulgou fotos ou vídeos pessoais de alguém via internet utilizando o celular ou outro meio?
8. Você roubou a senha de alguém para evitar que ela acesse a rede social?
9. Você modificou fotos ou vídeos de uma pessoa nas redes sociais para humilhá-la ou rir dela?
10. Você isolou alguém de seus contatos nas redes sociais?
11. Você difamou alguém dizendo que a pessoa está mentindo para desacreditá-la?
12. Você já espalhou rumores sobre outros para prejudicá-los?

5.4 Sugestões de livros e filmes para séries iniciais

O professor pode iniciar um CDR contando uma das histórias da terapeuta Cornelia Maude Spelman (2021), autora da coleção *Como eu me sinto...*, que ensina habilidades socioemocionais para identificar e trabalhar as emoções e os sentimentos especialmente desagradáveis numa linguagem simples e fácil, a fim de ajudar crianças. Depois de contar a história, deve-se elaborar uma pergunta para as crianças sobre o tema escolhido.

Outro livro, *A descoberta de Leila*, da autora Márcia Honora (2009), conta a história de uma ovelha que tinha a péssima mania de tratar todas as outras com muito preconceito, reparando em suas imperfeições. Mas será que Leila era perfeita? Trata-se de um livro indicado para trabalhar a diversidade com as séries iniciais.

Ainda, o curta-metragem *Garoto Barba*, quando explorado pedagogicamente, objetiva abordar a questão do bullying sob outro prisma no CDR. O debate é muito produtivo, contribuindo para a diminuição das humilhações.

O uso contínuo do CDR faz com que a escola proporcione esse lugar de querer estar e ser feliz.

5.5 Modelo de relatório do Círculo de Diálogo Respeitoso

Apresentamos na sequência um modelo do relatório do CDR, que permite ao professor compilar suas práticas sempre que fizer um CDR com seus alunos, realizando os devidos encaminhamentos à coordenação.

CÍRCULO DE DIÁLOGO RESPEITOSO

Escola: .... Professor(a): ....

Turma: .... Ano: .... Faixa etária: ....

Quantidade de alunos: .... Feminino: .... Masculino: ....

Em .... (dia) de .... (mês) de .... (ano) – **Pergunta do dia >** **O que você fez no fim de semana?** (Descreva resumidamente a história do círculo e o tempo de duração.)

Em .... (dia) de .... (mês) de .... (ano) – **Pergunta do dia >** **Você tem apelido?** (Descreva resumidamente a história do círculo e o tempo de duração.)

Em .... (dia) de .... (mês) de .... (ano) > **Do que você tem medo?** (Descreva resumidamente a história do círculo e o tempo de duração.)

Conclusão – Descreva brevemente os círculos que foram realizados durante o mês e o ano, mencionando se houve encaminhamentos para a coordenação.

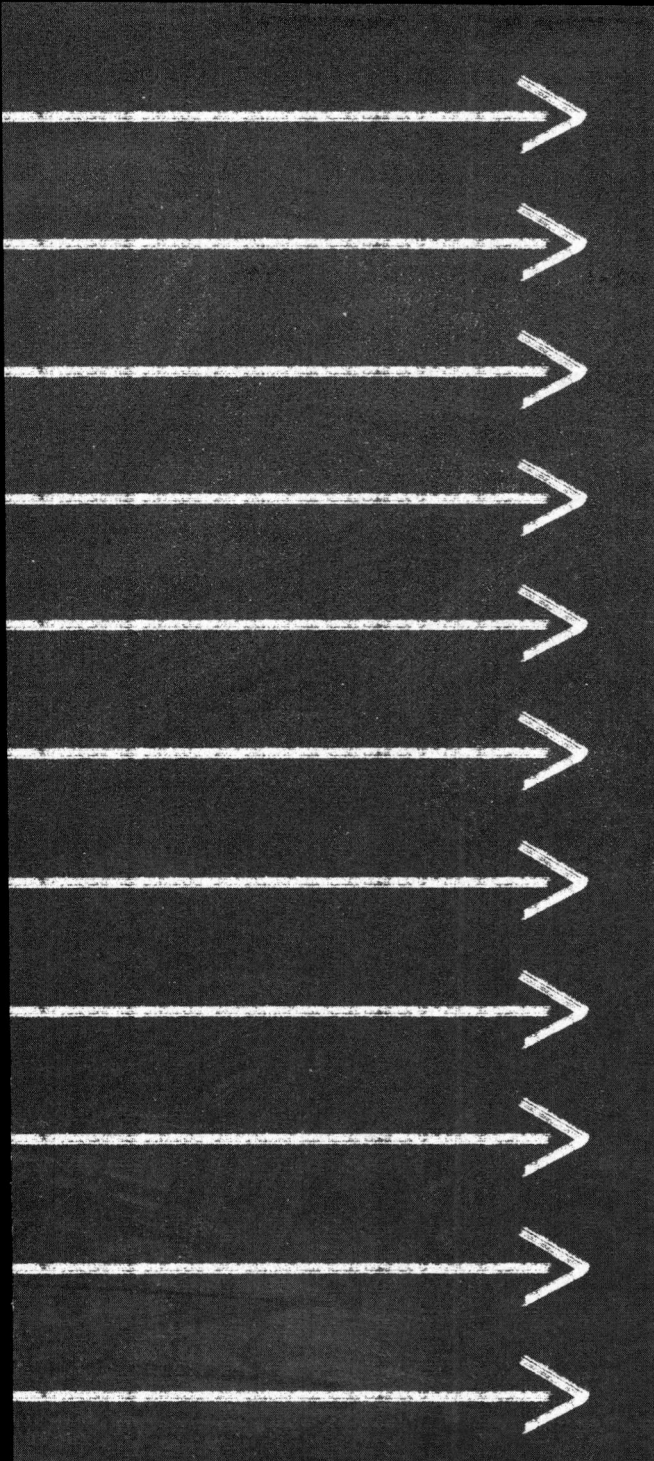

capítulo seis

As emoções: raiva, medo, tristeza e felicidade

6

O sétimo passo do manual, que se refere ao componente Sentimentos, indica que é necessário ouvir as respostas dos alunos às perguntas-chave e perceber mágoa, alegria, irritação, medo, vergonha etc. ao contarem suas histórias de vida. A fim de facilitar a percepção desses sentimentos, apresentamos na sequência as quatro árvores da vida emocional: raiva, medo, tristeza e felicidade, um recurso pedagógico criado por Jéferson Cappellari, especialista em Gestão de Pessoas na área de Inteligência Emocional e Social e facilitador em Comunicação Não Violenta (CNV).

Em seu livro *ABC do girafês: aprendendo a ser um comunicador emocional eficaz* (2012), o autor trata da metodologia da CNV, na qual a comunicação pode ser feita pelo movimento dos braços, das pernas, das expressões faciais ou pela voz. Isso porque é por meio do corpo que partilhamos informações, pensamentos, histórias, sensações, ideias ou qualquer outra coisa.

As emoções se manifestam por meio dos sentimentos e, "em geral, os conflitos implicam mais sentimentos negativos do que positivos"[1] (Moore, 2008, p. 210, tradução nossa).

Apesar de não conseguirmos medir a intensidade das emoções, uma análise mais detalhada dessas figuras pode nos ajudar a observar os sinais das emoções fortes, aparentes pelo tom da voz, pelo ritmo das palavras e dos gestos, pela expressão facial e pela postura corporal no momento ou na confrontação do conflito com nossos alunos e aqueles com quem nos relacionamos. (Felizardo, 2017, p. 143)

As quatro árvores da vida emocional, em uma visualização esquemática, representam as quatro emoções despertadas no ser humano que geram sentimentos, os quais são encontrados nas folhas de cada uma dessas árvores:

Quando suas necessidades **não são atendidas**, geram as emoções
Raiva
Medo
Tristeza

Quando suas necessidades **são atendidas**, geram a emoção
Felicidade

As necessidades estão representadas nas raízes; por sua vez, as sensações físicas ficam do lado esquerdo, as emoções estão no tronco, e as mensagens se encontram do lado direito de cada uma das árvores.

Na sequência, descrevemos as quatro árvores da vida emocional.

---

[1] No original: "[...] en general, los conflictos implican más sentimientos negativos que positivos".

6.1 Raiva

A emoção raiva gera vários sentimentos negativos. O tom de voz é alto e sóbrio, a fala é abrupta, e o comportamento visível é de ataque, luta, embate e defesa.

Figura 6.1 – Árvore da vida emocional: raiva

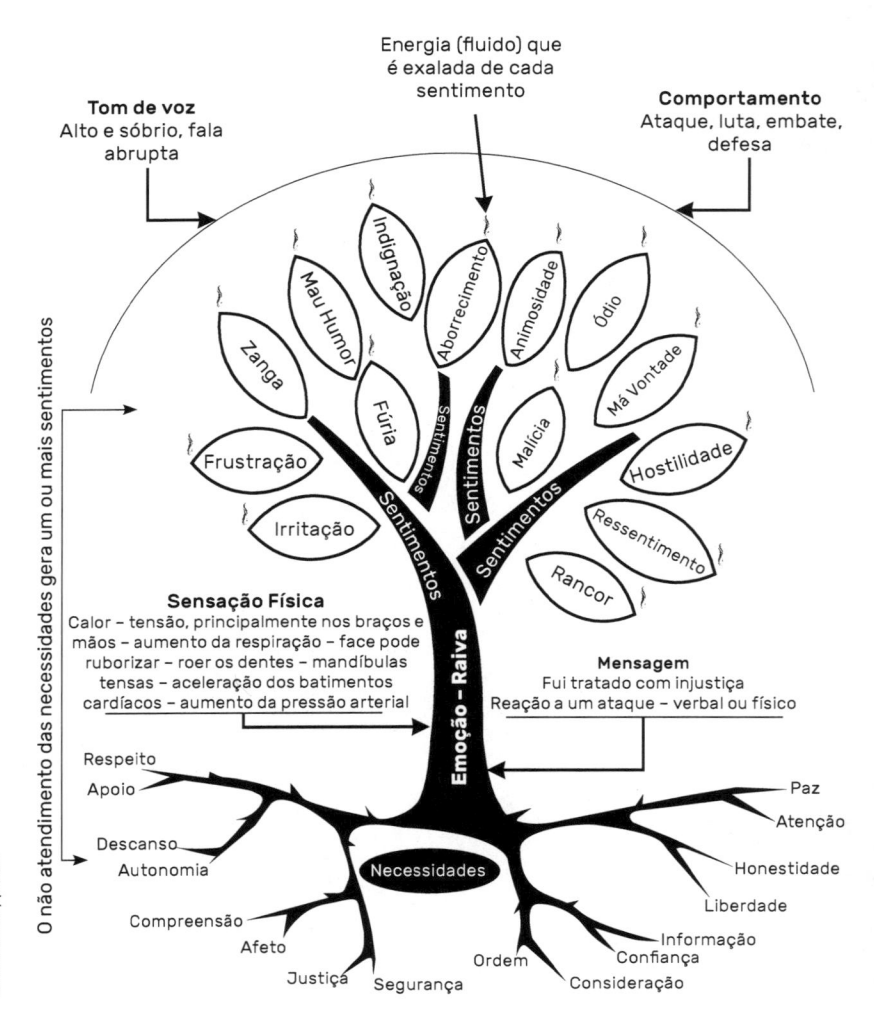

Tom de voz
Alto e sóbrio, fala abrupta

Energia (fluido) que é exalada de cada sentimento

Comportamento
Ataque, luta, embate, defesa

Sentimentos: Zanga, Mau Humor, Indignação, Aborrecimento, Animosidade, Ódio, Fúria, Má Vontade, Frustração, Malícia, Hostilidade, Irritação, Ressentimento, Rancor

Sensação Física
Calor – tensão, principalmente nos braços e mãos – aumento da respiração – face pode ruborizar – roer os dentes – mandíbulas tensas – aceleração dos batimentos cardíacos – aumento da pressão arterial

Emoção - Raiva

Mensagem
Fui tratado com injustiça
Reação a um ataque – verbal ou físico

O não atendimento das necessidades gera um ou mais sentimentos

Necessidades: Respeito, Apoio, Descanso, Autonomia, Compreensão, Afeto, Justiça, Segurança, Ordem, Paz, Atenção, Honestidade, Liberdade, Informação, Confiança, Consideração

Jéferson Cappellari

Bullying e cyberbullying

6.2 Medo

A emoção medo gera vários sentimentos negativos. O tom de voz é acelerado e trêmulo, e o comportamento visível é tremer, congelar, afrouxar ou mobilizar-se para a fuga.

Figura 6.2 – Árvore da vida emocional: medo

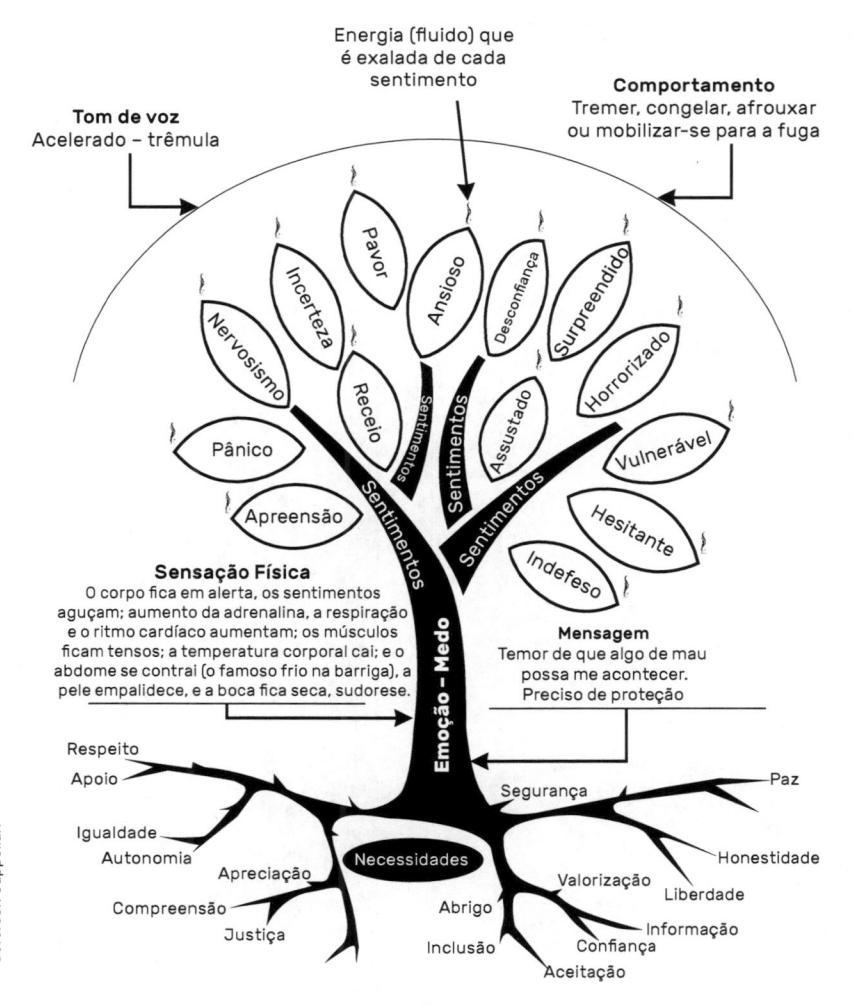

Tom de voz
Acelerado – trêmula

Energia (fluido) que é exalada de cada sentimento

Comportamento
Tremer, congelar, afrouxar ou mobilizar-se para a fuga

Sentimentos: Pavor, Incerteza, Nervosismo, Ansioso, Desconfiança, Surpreendido, Horrorizado, Receio, Assustado, Vulnerável, Pânico, Apreensão, Hesitante, Indefeso

Sensação Física
O corpo fica em alerta, os sentimentos aguçam; aumento da adrenalina, a respiração e o ritmo cardíaco aumentam; os músculos ficam tensos; a temperatura corporal cai; e o abdome se contrai (o famoso frio na barriga), a pele empalidece, e a boca fica seca, sudorese.

Mensagem
Temor de que algo de mau possa me acontecer. Preciso de proteção

Emoção – Medo

Necessidades: Respeito, Apoio, Igualdade, Autonomia, Apreciação, Compreensão, Justiça, Abrigo, Inclusão, Segurança, Valorização, Aceitação, Confiança, Informação, Liberdade, Honestidade, Paz

Jéferson Cappellari

As emoções: raiva, medo, tristeza e felicidade

6.3 Tristeza

A emoção tristeza gera vários sentimentos negativos. O tom de voz é monótono, lento e baixo, e o comportamento visível é a tendência ao isolamento.

Figura 6.3 – Árvore da vida emocional: tristeza

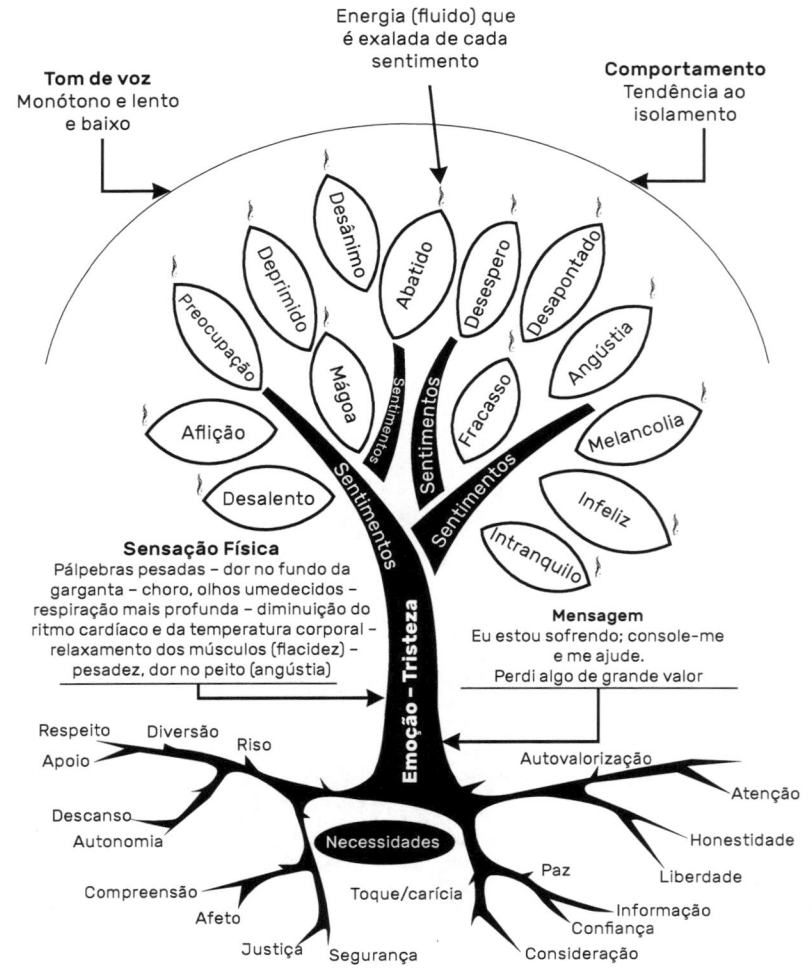

Tom de voz
Monótono e lento e baixo

Energia (fluido) que é exalada de cada sentimento

Comportamento
Tendência ao isolamento

Sentimentos: Preocupação, Deprimido, Desânimo, Abatido, Desespero, Desapontado, Angústia, Aflição, Mágoa, Fracasso, Melancolia, Desalento, Intranquilo, Infeliz

Sensação Física
Pálpebras pesadas – dor no fundo da garganta – choro, olhos umedecidos – respiração mais profunda – diminuição do ritmo cardíaco e da temperatura corporal – relaxamento dos músculos (flacidez) – pesadez, dor no peito (angústia)

Emoção – Tristeza

Mensagem
Eu estou sofrendo; console-me e me ajude.
Perdi algo de grande valor

Necessidades: Respeito, Apoio, Diversão, Riso, Descanso, Autonomia, Compreensão, Afeto, Justiça, Segurança, Toque/carícia, Paz, Autovalorização, Atenção, Honestidade, Liberdade, Informação, Confiança, Consideração

Jéferson Cappellari

6.4 Felicidade

A emoção felicidade gera vários sentimentos positivos. O tom de voz é veloz e enfático, e o comportamento visível ocorre por meio de abraços, risos, dança, beijos, ações fraternas e associações de amizade.

Figura 6.4 – Árvore da vida emocional: felicidade

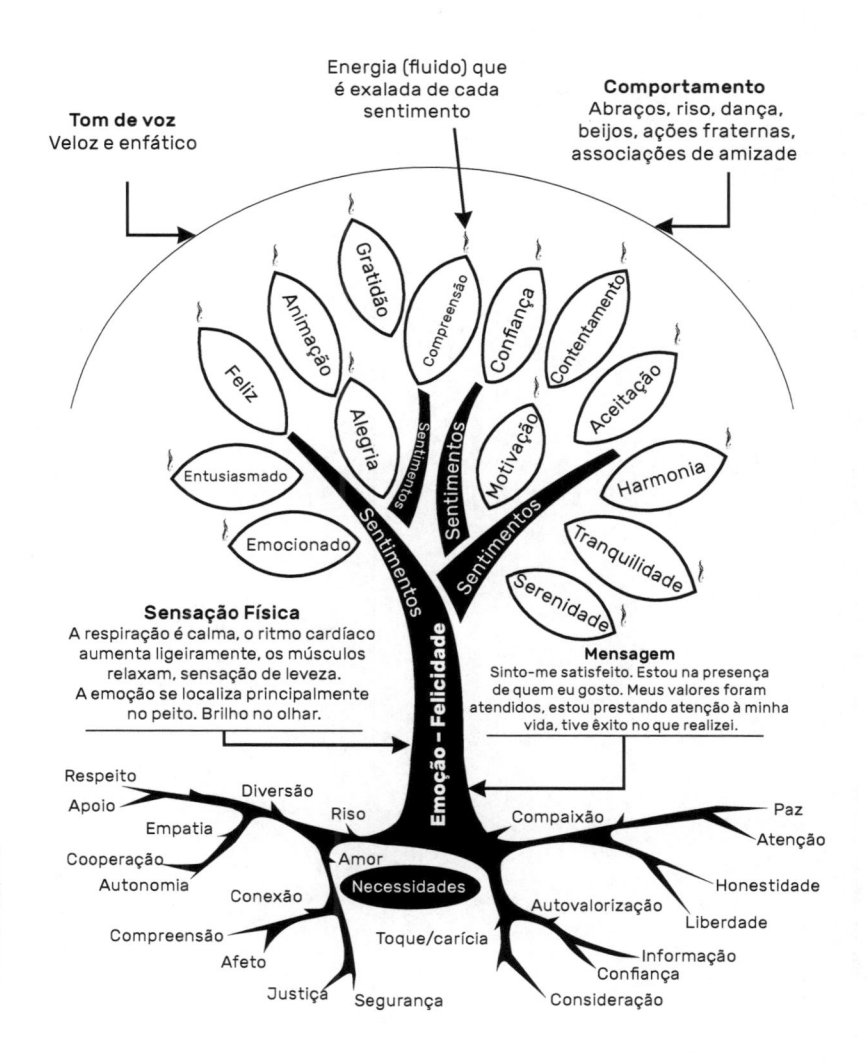

Tom de voz
Veloz e enfático

Energia (fluido) que é exalada de cada sentimento

Comportamento
Abraços, riso, dança, beijos, ações fraternas, associações de amizade

Sentimentos: Gratidão, Animação, Feliz, Compreensão, Confiança, Contentamento, Aceitação, Alegria, Entusiasmado, Motivação, Harmonia, Emocionado, Tranquilidade, Serenidade

Sensação Física
A respiração é calma, o ritmo cardíaco aumenta ligeiramente, os músculos relaxam, sensação de leveza. A emoção se localiza principalmente no peito. Brilho no olhar.

Mensagem
Sinto-me satisfeito. Estou na presença de quem eu gosto. Meus valores foram atendidos, estou prestando atenção à minha vida, tive êxito no que realizei.

Emoção - Felicidade

Raízes/Necessidades: Respeito, Apoio, Diversão, Empatia, Riso, Cooperação, Autonomia, Amor, Conexão, Compreensão, Toque/carícia, Afeto, Justiça, Segurança, Compaixão, Autovalorização, Paz, Atenção, Honestidade, Liberdade, Informação, Confiança, Consideração

Jéferson Cappellari

As emoções: raiva, medo, tristeza e felicidade

Professor, esperamos que esse recurso facilite seu dia a dia na percepção dos sentimentos, das emoções e das necessidades de seus alunos. Boas práticas!

Considerações finais ←

A primeira pesquisa científica sobre bullying no Brasil, realizada no biênio 2002/2003, foi publicada em 2004 no formato de livro por Aramis Lopes Neto e Lucia Helena Saavedra (2004, p. 18), "precursores do grande processo de sensibilização da sociedade brasileira". Este foi o ponto de partida de vários pesquisadores para os estudos acerca do bullying e suas variáveis, culminando em publicações de livros, artigos científicos e formulação de leis para as políticas públicas. Depois disso, paulatinamente avançamos em programas antibullying nas escolas.

Apesar desse avanço e do decorrer do tempo, nossas crianças e adolescentes ainda sofrem violências morais, físicas e, principalmente, psicológicas invisíveis ao olhar dos professores dentro das escolas.

Nesta obra, expusemos o fenômeno mundial do bullying e do cyberbullying, buscando evidenciar a dinâmica da violência grupal dos estudantes, as agressões físicas, morais e psicológicas sofridas e os possíveis fatores geradores do comportamento agressivo dos alunos violentos.

Dessa forma, não podemos minimizar o verdadeiro tamanho da intimidação sistemática, do assédio escolar, do bullying, do cyberbullying e da violência entre pares. A intimidação sistemática diferencia-se das outras violências que ocorrem no cotidiano escolar, como indisciplina, falta de respeito, mau comportamento, brigas e xingamentos, agressão a professores e depredação de patrimônio, bem como daquela "classe bagunçada" em que é impossível ministrar aula.

Há que se pesquisarem outras áreas e especificidades do fenômeno, como o desengajamento moral do aluno, o contágio social no grupo da sala de aula, a saúde mental dos atores, assim como a ocorrência das tragédias brasileiras e as ações do Poder Judiciário relacionadas a esses casos. A formação em Pedagogia, a educação continuada dos professores e a inclusão da intimidação sistemática (bullying) como violência institucional nas políticas públicas de enfrentamento à violência contra crianças e adolescentes do Brasil também são algumas das áreas que devem ser estudadas e debatidas.

Cientes dessas peculiaridades, seguimos em frente com a prática do Círculo de Diálogo Respeitoso (CDR). Essa incrível ferramenta pedagógica, criada, construída e testada por uma pedagoga brasileira e aprovada por professores e gestores da educação no Brasil, ajuda a garantir o bem-estar e a segurança de crianças e adolescentes na escola e fora dela.

Agradecemos aos professores que amam o que fazem – ensinar crianças a ler, escrever e interpretar em um ambiente de aprendizagem e convivência social agradável – e, assim, contribuem para a formação de cidadãos de paz e com um futuro brilhante no Brasil e em outras nações.

Sem bullying. Agora!

Reflexões ←

Reflexões de alguns pesquisadores de bullying escolar

> "Assim como Martin Luther King Jr., eu também tenho um sonho: o dia em que as pessoas não serão apontadas por suas diferenças étnicas, sociais, ideológicas ou físicas, mas sim pelo brilhantismo de seu caráter." (Alexandre Saldanha Tobias Soares, 2013, p. 117)

> "Que possamos juntos potencializar uma sociedade humana, justa e gentil. Com a prática da não violência seremos capazes de realizar este feito." (Jéferson Cappellari, 2012, p. 117)

> "Todas as crianças e adolescentes têm direito a escolas onde existam alegria, amizade, solidariedade e respeito às características individuais de cada um." (Aramis Antonio Lopes Neto, citado por Aloma Ribeiro Felizardo, 2019, p. 9)

> "Cabe a cada um de nós recusar o fracasso e as influências do nosso passado ruim e usar tudo para sermos mais maduros e felizes. Por isso, transforme dor em compreensão e auxílio para outras pessoas no futuro." (Marcos Meier, 2013, p. 103)

> "Os alunos não se respeitavam, queriam falar ao mesmo tempo, ... os estudantes passaram a ouvir os demais, a entender a história uns dos outros e a perceberem o quanto as palavras machucavam."
> (Jane Moreira, citada por Aloma Ribeiro Felizardo, 2021, p. 67)

> "Diferentemente da sociedade, em que as regras de convivência estão postas, a escola é lugar de formação moral, em que as regras precisam partir da necessidade advinda da convivência diária."
> (Luciene Regina Paulino Tognetta e Telma Vinha, 2012, p. 111)

> "Todas as pessoas podem dar um novo significado às suas histórias e reverter o sofrimento em sucesso, a tristeza em alegria. Boa sorte!" (Jeanine Rolim, 2013, p. 107)

> "A escola será capaz de 'eliminar os conflitos pela raiz' antes que atinjam proporções alarmantes."[1] (Dan Olweus, 2006, p. 151, tradução nossa)

---

[1] No original: "La escuela podrá 'cortar de raíz los conflictos' antes de que alcancem proporciones alarmantes".

Referências

ALBUQUERQUE, P. P. de; WILLIAMS, L. C. de A.; D'AFFONSECA, S. M. Efeitos tardios do bullying e Transtorno de Estresse Pós-Traumático: uma revisão crítica. **Psicologia – Teoria e Pesquisa**, v. 29, n. 1, p. 91-98, jan./mar. 2013. Disponível em: <https://www.scielo.br/j/ptp/a/9CSyDcyzjxBhyP6txFNYfVp/?lang=pt&format=pdf>. Acesso em: 27 fev. 2024.

AVILÉS MARTÍNEZ, J. M. **Bullying**: el maltrato entre iguales – agresores, víctimas y testigos en la escuela. Salamanca: Amarú, 2006.

AVILÉS MARTÍNEZ, J. M. **Bullying**: guia para educadores. Tradução de J. Guillermo Milán-Ramos. Campinas: Mercado de Letras, 2013.

BONI, L. di G.; FARHAT, F. I. de B.; MORENO, C. B. A empatia: a capacidade de iluminar as relações interpessoais – um estudo entre crianças de escolas públicas paulistas. **Revista on-line de Política e Gestão Educacional**, Araraquara, v. 26, n. esp. 3, p. 1-15, jul. 2022. Disponível em: <https://periodicos.fclar.unesp.br/rpge/article/view/16958>. Acesso em: 1º mar. 2024.

BORGES, T. F.; CERQUEIRA, N. F.; BEDIM, D. T. N. Transtornos do estresse pós-traumático. In: LÔSS, J. da C. S. et al. (Org.). **Principais transtornos psíquicos na contemporaneidade**. Campos dos Goytacazes: Brasil Multicultural, 2019. v. 1. p. 87-96.

BOZZA, T. C. L.; VINHA, T. P. Cyberbullying, cyber agressão e riscos on-line: como a escola pode atuar diante dos problemas da (cyber)convivência. **Revista Ibero-Americana de Estudos em Educação**, Araraquara, v. 18, p. 1-23, 2023. Disponível em: <https://periodicos.fclar.unesp.br/iberoamericana/article/view/18444>. Acesso em: 27 fev. 2024.

BOZZA, T. C. L.; VINHA, T. P. Quando a violência virtual nos atinge: os programas de educação para a superação do cyberbullying e outras agressões virtuais. **Revista Ibero-Americana de Estudos em Educação**, Araraquara, v. 12, n. 3, p. 1919-1939, jul/set. 2017. Disponível em: <https://periodicos.fclar.unesp.br/iberoamericana/article/view/10369/6772>. Acesso em: 27 mar. 2024.

BRASIL. Lei n. 9.394, de 20 de dezembro de 1996. **Diário Oficial da União**, Poder Legislativo, Brasília, DF, 23 dez. 1996. Disponível em: <https://www.planalto.gov.br/ccivil_03/_ato2015-2018/2015/lei/l13185.htm>. Acesso em: 27 fev. 2024.

BRASIL. Lei n. 13.185, de 6 de novembro de 2015. **Diário Oficial da União**, Poder Legislativo, Brasília, DF, 9 nov. 2015. Disponível em: <https://www.planalto.gov.br/ccivil_03/_ato2015-2018/2015/lei/l13185.htm>. Acesso em: 27 fev. 2024.

BRASIL. Lei n. 13.663, de 14 de maio de 2018. **Diário Oficial da União**, Poder Legislativo, Brasília, DF, 15 maio 2018. Disponível em: <https://www.planalto.gov.br/ccivil_03/_ato2015-2018/2018/lei/l13663.htm>. Acesso em: 1º mar. 2024.

CALHAU, L. B. **Bullying**: o que você precisa saber – identificação, prevenção e repressão. 5. ed. Belo Horizonte: D'Plácido, 2018.

CAPPELLARI, J. **ABC do girafês**: aprendendo a ser um comunicador emocional eficaz. Curitiba: Multideia, 2012.

CAPPELLARI, J. **O despertar do coração girafa**: praticando a linguagem do cuidado à luz da Comunicação Não Violenta. Curitiba: Santhiago, 2019.

CARTER, R. Module 4: Dehumanization, Demonization and Hate Crimes. In: JUST.EQUIPPING. **A Little Manual of Restorative Justice**. Ottawa: Public Safety Canada, 2008. p. 19-22.

CHOCARRO, E.; GARAIGORDOBIL, M. Bullying y cyberbullying: diferencias de sexo en víctimas, agresores y observadores. **Pensamiento Psicológico**, v. 17, n. 2, p. 57-71, jun./dic. 2019.

COAD – Coordenação de Apoio e Desenvolvimento da Atenção Básica. **Câmara aprova Programa de Combate ao Bullying**. 2015. Disponível em: <https://www.jusbrasil.com.br/noticias/camara-aprova-programa-de-combate-ao-bullying/243381972>. Acesso em: 24 fev. 2024.

COLOROSO, B. **The Bully, the Bullied, and the Bystander**. New York: William Morrow Paperbacks; Harper, 2008.

COSTELLO, B.; WACHTEL, J.; WACHTEL, T. **Círculos restaurativos nas escolas**: construindo um sentido de comunidade e melhorando o aprendizado – um guia prático para educadores. Bethlehem, PA: IIRP, 2011.

EISENSTEIN, E.; WILLIAMS, L. A.; STELKO-PEREIRA, A. C. Adolescência: crescer com direitos e aprender a viver com mais saúde! In: WILLIAMS, L. C. A.; STELKO-PEREIRA, A. C. (Org.). **Violência nota zero**: como aprimorar as relações na escola. São Carlos: EdUFSCar, 2013. v. 1. p. 88-112.

FELIZARDO, A. R. **Bullying**: a violência que nasce na escola – orientações práticas para uma cultura de paz. Curitiba: InterSaberes, 2019.

FELIZARDO, A. R. **Bullying escolar**: prevenção, intervenção e resolução com princípios da justiça restaurativa. Curitiba: InterSaberes, 2017.

FELIZARDO, A. R. **Bullying**: o fenômeno cresce! Violência ou brincadeira? Curitiba: Mello, 2011.

FELIZARDO, A. R. **Cyberbullying**: difamação na velocidade da luz. São Paulo: Willem Books, 2010.

FELIZARDO, A. R. **Cyberbullying e o Círculo de Diálogo Respeitoso**: a incrível ferramenta em que os alunos realizam a prevenção. Curitiba: InterSaberes. 2021.

FELIZARDO, A. R. (Org.). **Ética e direitos humanos**: uma perspectiva profissional. Curitiba: InterSaberes, 2012.

FISCHER, R.; KOPELMAN, E.; SCHNEIDER, A. K. **Más allá de Maquiavelo**: herramientas para afrontar conflictos. Tradução de Gabriel Zadunaisky. Buenos Aires: Granica, 2007.

FISHER, R.; URY, W.; PATTON, B. **Como chegar ao sim**: negociação de acordos sem concessões. Tradução de Vera Ribeiro e Ana Luiza Borges. 2. ed. Rio de Janeiro: Imago, 2005.

FRICK, L. T. **Estratégias de prevenção e contenção do bullying nas escolas**: as propostas governamentais e de pesquisa no Brasil e na Espanha. 272 f. Tese (Doutorado em Educação) – Universidade Estadual Paulista "Júlio de Mesquita Filho", Presidente Prudente, 2016. Disponível em: <https://repositorio.unesp.br/server/api/core/bitstreams/db8a6576-6da1-4415-b55f-d1a3723c4bf9/content>. Acesso em: 27 fev. 2024.

FRICK, L. T. et al. Estratégias antibullying para o ambiente escolar. **Revista Ibero-Americana de Estudos em Educação**, Araraquara, v. 14, n. 3, p. 1152-1181, jul./set. 2019. Disponível em: <https://periodicos.fclar.unesp.br/iberoamericana/article/view/12380>. Acesso em: 1º mar. 2024.

FRICK, L. T.; MENIN, M. S. de S.; TOGNETTA, L. R. P. Um estudo sobre as relações entre os conflitos interpessoais e o bullying entre escolares. **Revista Reflexão e Ação**, Santa Cruz do Sul, v. 21, n. 1, p. 93-113, jan./jun. 2013. Disponível em: <https://online.unisc.br/seer/index.php/reflex/article/view/3318>. Acesso em: 1º mar. 2024.

GAROTO Barba. Direção: Christopher Faust. Brasil: Porta Curtas, 2010. 14 min. Disponível em: <http://portacurtas.org.br/filme/?name=garoto_barba>. Acesso em: 21 set. 2023.

GIACHERO, S. Bullying y el proceso del chivo expiatório. **Revista El Arcon de Clio**, 29 feb. 2020. Disponível em: <https://revista.elarcondeclio.com.ar/bullyin-y-el-proceso-del-chivo-expiatorio-silvana-giachero-uruguay/>. Acesso em: 25 fev. 2024.

HINDUJA, S.; PATCHIN, J. W. Cyberbullying: Identification, Prevention, and Response. **Cyberbullying Research Center**, 2019. Disponível em: <https://cyberbullying.org/Cyberbullying-Identification-Prevention-Response-2019.pdf>. Acesso em: 25 fev. 2024.

HONORA, M. **A descoberta de Leila**. São Paulo: Ciranda Cultural, 2009. (Série Ciranda da Diversidade).

ISOLAN, L. R. **Ansiedade na infância e adolescência e bullying escolar em uma amostra comunitária de crianças e adolescentes**. 166 f. Tese (Doutorado em Psiquiatria) – Universidade Federal do Rio Grande do Sul, Porto Alegre, 2012. Disponível em: <https://lume.ufrgs.br/handle/10183/56663>. Acesso em: 27 fev. 2024.

LIMBER, S. P. et al. Evaluation of the Olweus Bullying Prevention Program: a Large Scale Study of U.S. Students in Grades 3-11. **Journal of School Psychology**, v. 69, n. 6, p. 56-72, Aug. 2018.

LIMBER, S. P.; OLWEUS, D.; LUXENBERG, H. **Bullying in U.S. Schools**: 2019 Status Report. Center City, MN: Hazelden Publishing, 2019.

LISBOA, C.; BRAGA, L. de L.; EBERT, G. O fenômeno bullying ou vitimização entre pares na atualidade: definições, formas de manifestação e possibilidades de intervenção. **Contextos Clínicos**, v. 2, n. 1, p. 59-71, jan./jun. 2009. Disponível em: <http://pepsic.bvsalud.org/scielo.php?script=sci_arttext&pid=S1983-34822009000100007>. Acesso em: 27 fev. 2024.

LOPES NETO, A. A. Bullying: comportamento agressivo entre estudantes. **Jornal de Pediatria**, Rio de Janeiro, v. 81, n. 5, p. 164-172, 2005. Disponível em: <https://www.scielo.br/j/jped/a/gvDCjhggsGZCjttLZBZYtVq/?format=pdf&lang=pt>. Acesso em: 28 fev. 2024.

LOPES NETO, A. A.; SAAVEDRA, L. H. **Diga não ao bullying**: programa de redução do comportamento agressivo entre estudantes. Passo Fundo: Battistel, 2004.

LOPES NETO, A. A.; SAAVEDRA, L. H. **Diga não ao bullying**: programa de redução do comportamento agressivo entre estudantes. 2. ed. Passo Fundo: Battistel, 2008.

MARTORELL, C. et al. Convivencia e inteligencia emocional en niños en edad escolar. **European Journal of Education and Psychology**, v. 2, n. 1, p. 69-78, 2009.

MEIER, M.; ROLIM, J. **Bullying sem blá-blá-blá**. Curitiba: InterSaberes, 2013.

MIDDELTON-MOZ, J.; ZAWADSKI, M. L. **Bullying**: estratégias de sobrevivência para crianças e adultos. Tradução de Roberto Cataldo Costa. Porto Alegre: Artmed, 2007.

MONTEIRO, L. Prefácio da 1ª edição. In: LOPES NETO, A. A.; SAAVEDRA, L. H. (Org.). **Diga não ao bullying**: programa de redução do comportamento agressivo entre estudantes. 2. ed. Passo Fundo: Battistel, 2008. p. 13-14.

MOORE, C. W. **El proceso de mediación**: métodos prácticos para la resolución de conflictos. Buenos Aires: Granica, 2008.

OLWEUS, D. **Acoso escolar, "bullying", en las escuelas**: hechos e intervenciones. 2014. Disponível em: <https://www.researchgate.net/publication/253157856_acoso_escolarbullying_en_las_escuelas_hechos_e_intervenciones>. Acesso em: 25 fev. 2024.

OLWEUS, D. Bully/Victim Problems in School: Basic Facts and an Effective Intervention Programme. In: EINARSEN, S. et al. (Ed.). **Bullying and Emotional Abuse in the Workplace**: International Perspectives in Research and Practice. London: Taylor & Francis, 2003. p. 62-78.

OLWEUS, D. **Conductas de acoso y amenaza entre escolares**. 3. ed. Madrid: Morata, 2006.

PIÑUEL, I.; OÑATE, A. **Informe Cisneros X**: Acoso y Violencia Escolar en España. Madrid: Instituto de Innovación Educativa y Desarrollo Directivo, 2006.

PIÑUEL, I. **Por si acaso te acosan...** 100 cosas que necesitas saber para salir del acoso psicológico en el trabajo. Buenos Aires: Códice, 2013.

ROSENBERG, M. B. **Comunicação Não Violenta**: técnicas para aprimorar relacionamentos pessoais e profissionais. Tradução de Mário Vilela. São Paulo: Ágora, 2006.

SOARES, A. S. T. **A responsabilidade civil das instituições de ensino em relação aos efeitos do bullying**. Curitiba: JM, 2013.

SPELMAN, C. M. **Como eu me sinto...** Gaspar, SC: Todolivro, 2021. 7 v.

STELKO-PEREIRA, A. C. **Avaliação de um programa preventivo de violência escolar**: planejamento, implantação e eficácia. 193 f. Tese (Doutorado em Psicologia) – Universidade Federal de São Carlos, São Carlos, 2012. Disponível em: <https://repositorio.ufscar.br/handle/ufscar/5974>. Acesso em: 27 fev. 2024.

TOGNETTA, L. R. P. Vencer o bullying escolar: o desafio de quem se responsabiliza por educar moralmente. In: TOGNETTA, L. R. P.; VINHA, T. P. (Org.). **É possível superar a violência na escola?** Construindo caminhos pela formação moral. São Paulo: Ed. do Brasil; Unicamp, 2012. p. 100-115.

TOGNETTA, L. R. P.; ROSÁRIO, P. Bullying: dimensões psicológicas no desenvolvimento moral. **Estudos de Avaliação Educacional**, São Paulo, v. 24, n. 56, p. 106-137, set./dez. 2013. Disponível em: <https://publicacoes.fcc.org.br/eae/article/view/2736>. Acesso em: 1º mar. 2024.

TOGNETTA, L. R. P.; VINHA, T. P. Até quando? Bullying na escola que prega a inclusão social. **Educação**, Santa Maria, v. 35, n. 3, p. 449-464, set./dez. 2010. Disponível em: <https://periodicos.ufsm.br/reveducacao/article/view/2354>. Acesso em: 27 fev. 2024.

TOGNETTA, L. R. P.; VINHA, T. P. (Org.). **É possível superar a violência na escola?** Construindo caminhos pela formação moral. São Paulo: Ed. do Brasil; Unicamp, 2012.

VICENTIN, V. F. **E quando chega a adolescência**: uma reflexão sobre o papel do educador na resolução de conflitos entre adolescentes. Campinas: Mercado de Letras, 2009.

ZECHI, J. A. M. **Educação em valores**: solução para a violência e a indisciplina na escola? 279 f. Tese (Doutorado em Educação) – Universidade Estadual Paulista "Júlio de Mesquita Filho", Presidente Prudente, 2014. Disponível em: <http://www2.fct.unesp.br/pos/educacao/teses/2014/dr/juliana_zechi.pdf>. Acesso em: 27 fev. 2024.

ZEHR, H. **Justiça restaurativa**. Tradução de Tônia Van Acker. São Paulo: Palas Athena, 2012

Sobre a autora

Aloma Ribeiro Felizardo é doutora em Psicologia Social pela Universidade Kennedy – UK (Buenos Aires, Argentina); mestranda em Sistemas de Resolução de Conflitos pela Faculdade de Direito da Universidade Nacional de Lomas de Zamora – UNLZ (Lomas de Zamora, Argentina); e graduada em Pedagogia pela Faculdade Interlagos de Educação e Cultura (Fintec/Estácio, São Paulo). Cursou Teoria e Ferramentas de Negociação na Harvard Faculty Club (Massachusetts, USA); Comunicação, Educação e Cibercultura na Pontifícia Universidade Católica de São Paulo (PUC-SP); Ética e Direitos Humanos em Adolescente em Conflito com a Lei na Universidade Bandeirantes de São Paulo (Uniban-SP); Práticas Restaurativas no Instituto Latino Americano de Prácticas Restaurativas – ILAPR (Lima, Peru); Justiça Restaurativa na Escola Superior da Magistratura (Ajuris-RS); e Mediação Transformativa de Conflitos na Escola Superior do Ministério Público (ESMP-SP). É também perita judicial, perita grafotécnica e documentoscópica pela Expert Marketing e Cursos Digitais Ltda., de São Paulo.

Foi condecorada com a Medalha Alumni Diamante. É membro do Restorative Justice Council (RJC) do Reino Unido e da Asociación Latinoamericana de Magistrados, Funcionarios, Profesionales y Operadores de Niñez, Adolescencia y Familia – ALAMFPyONAF (Mendoza, Argentina). Foi consultora da Comissão Parlamentar de Investigação contra Maus-Tratos em Crianças e Adolescentes (CPI-MT, DF). Atualmente, é consultora e escritora com seis obras publicadas, além de palestrante nacional e internacional sobre bullying, cyberbullying, mediação de conflitos, prática restaurativa, negociação e Comunicação Não Violenta (CNV). É autora desde 2009 do programa e *site* <http://www.BullyingCyberbullying.com.br> e criadora do Programa de Prevenção ao Bullying – Círculo de Diálogo Respeitoso (CDR). Atua como Auxiliar da Justiça com perícia judicial, perícia grafotécnica e documentoscópica e como assistente técnica em processos judiciais da área da educação, especificamente acerca de bullying e cyberbullying nas escolas. Contato: <https://www.alomarf.com.br/contato>.

Impressão: